UNIVERSITÉ IMPÉRIALE. — ACADÉMIE DE DOUAI.
FACULTÉ DE DROIT DE DOUAI.

DES

RAPPORTS

A SUCCESSION

EN DROIT FRANÇAIS ET EN DROIT ROMAIN

THÈSE POUR LE DOCTORAT

PAR

PAUL-HENRI-JOSEPH CHOPPIN

DOUAI
LUCIEN CRÉPIN, ÉDITEUR
Imprimeur des Sociétés scientifiques et littéraires de Douai
FOURNISSEUR DE LA FACULTÉ DE DROIT
32, Rue des Procureurs, 32.
1868

THÈSE
POUR LE DOCTORAT

PAR

Paul-Henri-Joseph CHOPPIN.

DES

RAPPORTS

A SUCCESSION

EN DROIT FRANÇAIS ET EN DROIT ROMAIN

THÈSE POUR LE DOCTORAT

PAR

PAUL-HENRI-JOSEPH CHOPPIN

L'acte public sur les matières ci-après sera présenté et soutenu le mardi
7 janvier 1868, à trois heures de l'après-midi.

Président : M. BLONDEL, professeur, doyen.

Suffragants : MM. MABIRE, professeur.
ACCARIAS,
GARSONNET, agrégés, chargés
CONSTANS, de cours.

DOUAI

LUCIEN CRÉPIN, ÉDITEUR

Imprimeur des Sociétés scientifiques et littéraires de Douai

FOURNISSEUR DE LA FACULTÉ DE DROIT

32, Rue des Procureurs, 32.

1868

A MA MÈRE.

PREMIÈRE PARTIE

DROIT ROMAIN.

Il ne faut pas rechercher l'origine du rapport dans l'ancien droit Romain. Tout système de rapport était incompatible avec les principes qui régissaient primitivement la famille et l'hérédité.

La loi des XII tables avait proclamé en ces termes : *uti legassit super pecuniâ, ita jus esto,* la souveraineté absolue du droit de tester, et assuré aux volontés dernières du chef de famille le respect dû à la loi.

Or, il répugne à la nature de la libéralité testamentaire de présumer que le testateur a eu l'intention de contraindre les légataires au rapport des biens qu'il leur a légués.

Le législateur ne pouvait donc pas imposer aux légataires cette obligation sans méconnaître la volonté du défunt et sans porter une grave atteinte à la faculté de tester.

Nous verrons que même dans le dernier état du droit Romain, les legs ne furent jamais soumis au rapport.

C'est que la théorie du rapport qui prit naissance et se développa graduellement, à la faveur des adoucissements apportés au droit primitif, reposait sur la présomption de volonté du disposant et que le legs, par sa nature, repousse énergiquement cette interprétation.

Si le rapport des objets compris dans les dispositions testamentaires était à la fois contraire au principe de la liberté absolue de tester et à la pensée du testateur, le rapport des biens donnés était matériellement impossible.

Les héritiers siens étant incapables d'acquérir personnellement aucun droit de propriété ou de créance pendant qu'ils étaient sous la puissance du chef de famille, ne possédaient rien.

Il ne pouvait donc pas être question de rapport.

Mais les fils de famille furent relevés de cette incapacité dans certaines hypothèses spéciales, et autorisés par là même à se constituer un patrimoine propre.

L'établissement du rapport se rattache à l'institution de la dot.

La dot, bien qu'appartenant au mari fut considérée et traitée par les Jurisconsultes Romains comme la propriété de la femme.

La fille de famille devenait également propriétaire de la dot qui lui avait été constituée par son père.

Il eut été inique et contraire à l'intention du père de famille d'autoriser la fille dotée à conserver l'importance de sa dot et à prendre, en outre, sa part héréditaire.

Le Préteur, frappé de cette injustice, imposa à la fille de famille l'obligation de rapporter sa dot.

Le rapport de la dot auquel était soumise la fille de famille devenue héritière sienne fut assujetti aux règles qui régissaient depuis longtemps la *collatio bonorum*. Il est donc indispensable de remonter à l'origine de cette institution et d'en exposer les principes.

Le Préteur investi de la mission de faire exécuter la loi qui réglait la dévolution de l'hérédité, en prit occasion d'établir un nouveau système successoral, fondé sur le droit naturel. Il admit les enfants émancipés à concourir avec ceux qui étaient restés sous la puissance du père de famille au partage de la succession paternelle, au moyen de la possession de biens *undè liberi* ou *contra tabulas*.

Un résultat vraiment unique ne pouvait manquer de se produire, si l'on n'y portait remède. Le fils émancipé avait dû depuis l'époque de son émancipation acquérir dès biens, tandis que ses frères, restés en puissance, n'avaient cessé de travailler dans l'intérêt du patrimoine commun.

Appelé purement et simplement à la succession de son père, l'émancipé aurait gardé ses propres biens et pris sa part des biens dont ses frères avaient enrichi le patrimoine paternel.

Le Préteur, prévenant cette iniquité, exigea de l'émancipé l'apport des biens qu'il avait acquis depuis l'émancipation.

Puisque les principes qui ont réglé primitivement le rapport de la dot ont été empruntés à la *collatio bonorum*, nous devons, pour les connaître, étudier la matière de la *collatio bonorum*. Nous aurons à indiquer les modifications qui y furent successivement apportées par la Jurisprudence et les Constitutions Impériales.

La théorie du rapport se généralisa :

Sous Justinien le rapport ne porte plus seulement sur la dot il comprend les donations *antè nuptias* et les donations simples faites par le père de famille à son fils.

Il a lieu à la succession de tout ascendant donateur :

Nous diviserons la matière du rapport en deux chapîtres :

Dans le premier, nous étudierons la *bonorum collatio*, et dans le second, le rapport de la dot, des donations à cause de noces et des donations simples :

CHAPITRE PREMIER.

BONORUM COLLATIO.

Nous aurons à examiner quatre questions :

1° Dans quels cas la *collatio* a lieu ;
2° Par qui et à qui elle est due ;
3° Quels biens y sont soumis :
4° Et comment elle s'opère.

I°. — DANS QUELS CAS LA COLLATIO A LIEU ?

Il importe de déterminer tout d'abord le véritable caractère de la *collatio* imposée aux émancipés.

Le Préteur avait eu recours à une fiction pour restituer à l'émancipé sa place dans la famille et les droits qui en dérivent; il réputait l'émancipation non avenue, et, par suite, il considérait l'émancipé comme étant toujours resté sous la puissance du père de famille. Il était naturel et logique d'étendre cette fiction aux biens que l'émancipé avait acquis depuis son émancipation et de les traiter comme s'ils avaient toujours appartenu au père de famille. Ces biens eussent été réunis aux biens héréditaires, pour ne former qu'une seule et même masse à partager également entre tous les enfants.

Ce point de vue ne paraît pas avoir préoccupé le Préteur.

Mais l'intervention pure et simple de l'émancipé au partage de l'hérédité, au moyen de la possession de biens *undè liberi* ou *contra tabulas,* devait produire un résultat trop inique pour ne pas inspirer au Préteur l'idée d'un moyen destiné à l'empècher.

L'émancipé eût profité des accroissements que ses frères auraient apportés au patrimoine commun par leur travail, leur industrie et les libéralités qui leur auraient été faites, comme si l'émancipation n'avait pas eu lieu, et conservé tous les biens qu'il n'aurait acquis que grâce à son émancipation et qui sans ce bénéfice eussent appartenu au chef de famille.

C'est en vue de réparer le préjudice que le concours de l'émancipé avec les héritiers siens faisait éprouver à ces derniers que le préteur imagina la *collatio bonorum.*

La *collatio* est donc une indemnité accordée aux héritiers siens qui se trouvent lésés par la vocation prétorienne de l'émancipé.

Telle est la théorie qui ressort avec évidence de l'ensemble des textes qui nous sont parvenus.

Toutefois il est permis d'affirmer avec la loi 20 § 1 de *bonorum poss. cont. tab.* que si le principe d'une réparation à donner aux héritiers siens inspira au Préteur l'idée du rapport, les termes généraux de l'édit ne se prêtaient guère à cette interprétation.

Les Jurisconsultes Romains dégagèrent ce principe du rapprochement et de la combinaison des divers édits, sans trop se soucier de la violence qu'ils faisaient subir au texte.

L'édit qui révèle le mieux la pensée mère qui a présidé à l'institution du rapport, est l'édit du *Conjungendis cum emancipato liberis suis.*

Le Préteur, réparant une autre iniquité que l'application rigoureuse des principes de la possession de biens à l'hypothèse où le *de Cujus* laissait un fils émancipé et des petits fils en puissance, issus de ce fils, devait produire, par suite de l'attribution de l'hérédité entière au fils émancipé, à l'exclusion de ses propres enfants qui cependant étaient appelés à succéder par le droit civil, avait heureusement tenu compte des droits de chacun et conféré la possession de biens au père et à ses enfants, conjointement et par moitié.

Dans ce cas, le fils émancipé ne portait préjudice par son intervention qu'à ses enfants qu'il dépouillait de la moitié de leur part et, par suite, l'édit disposait qu'il ne devrait qu'à eux seuls la *collatio.*

Cet édit consacrait la théorie qui faisait de la *collatio* une indemnité et l'on n'est pas étonné de lire dans la loi 1 § 3 de *collatione* que le jurisconsulte Pomponius, ainsi que le rapporte Ulpien, l'avait invoqué à l'appui d'une décision qui impliquait le même principe.

Si nous avons bien mis en relief la vraie nature de la *collatio*, il nous sera facile de déterminer les cas dans lesquels elle devait être appliquée.

Deux conditions sont rigoureusement nécessaires pour que l'émancipé puisse être contraint à la *collatio* :

Il faut :

1° Qu'il sollicite et obtienne, en sa qualité de descendant du *de Cujns*, la possession de biens, c'est-à-dire la possession de biens *undè liberi* ou *conlra tabulas*.

2° Et qu'il cause un préjudice aux héritiers siens, en prenant part au partage de l'hérédité.

La nécessité de ces deux conditions découle de la définition que nous avons donnée de la *collatio bonorum*.

Il suit de la première que le fils émancipé qui a été institué héritier par le testament de son père et qui s'est fait attribuer par le Préteur la possession de biens *Secundum tabulas*, n'est pas soumis à la *collatio*. C'est en vertu de la volonté du père de famille et comme un étranger aurait pu l'être que le fils émancipé est appelé à l'hérédité.

Le Préteur ne fait que consacrer cette volonté, en lui déférant la possession de biens.

La possession de biens *undè liberi* était donnée à l'émancipé, lorsque le chef de famille mourait intestat et la possession de biens *contra tabulas*, lorsqu'au contraire il mourait après avoir fait un testament régulier selon le droit civil, mais sans avoir institué ni exhérédé son fils émancipé.

Dans le principe, la possession de biens *contra tabulas* ne pouvait être réclamée que par l'émancipé qui avait été omis.

L'émancipé institué par le testament était privé de cette faculté.

Toutefois, lorsque le fils omis demandait la possesssion de biens, les institués pouvaient l'obtenir en même temps.

Cette différence fut supprimée. Les émancipés institués eurent le droit de solliciter directement la possession de biens, sans attendre la décision de l'émancipé omis.

L'émancipé qui a obtenu la possession de biens *contra tabulas* ou *undè liberi*, ne doit pas par là même la *collatio*.

Il faut de plus que sa vocation nuise aux héritiers siens.

Cette règle est formulée très-nettement par Ulpien dans le passage suivant :

« *Toliens igitur collationi locus est quotiens aliquo in-*
» *commodo affectus est is, qui in potestate est, interventu*
» *emancipati : Cæterum, si non est, collatio cessabit.* (L.
» 1, ff. 6 *de collatione*).

Les textes présentent des applications remarquables de ce principe.

1° Un père a institué pour héritiers son fils en puissance et un étranger, et a omis son fils émancipé.

Les deux enfants ont obtenu la possession de biens *con- tra tabulas*. L'émancipé devra-t-il la *collatio* ?

Si le fils en puissance a été institué pour la moitié de l'hérédité ou pour une portion inférieure à cette moitié il ne pourra pas contraindre son frère à la *collatio*.

Loin de souffrir de l'intervention de son frère dans cette hypothèse, le fils en puissance recueille une part au moins égale à celle que le *de cujus* lui avait assignée et même supérieure dans le cas où le testament ne lui donnait pas la moitié.

Le jurisconsulte Ulpien à qui nous empruntons cette décision, signale l'avantage que la vocation de l'émancipé peut procurer au fils en puissance.

On peut remarquer les termes par lesquels ce jurisconsulte formule sa solution : *potest non incommode dici*. Le ton et la tournure de cette phrase prouvent, ce que nous avons précédemment indiqué, à savoir que la théorie qui finit par prévaloir, rencontra tout d'abord une vive résistance.

2° Un père a institué pour héritier son fils en puissance, et a omis son fils émancipé auquel il a fait un legs.

Si l'importance du legs est égale à la valeur de la part que l'émancipé recueille en vertu de la possession de biens *contra tabulas* qui lui a été déférée, il ne sera pas tenu à la *collatio*. Car sa vocation ne nuit pas à son frère.

II. — PAR QUI ET A QUI LA COLLATIO EST-ELLE DUE ?

Nous savons déjà que la *collatio* est due par les enfants émancipés qui ont obtenu la possession de biens *undè liberi* ou *contra tabulas*.

Cette obligation était-elle transmissible aux héritiers ?

Bien que la question ne soit pas précisément prévue par les textes, il est facile de la résoudre à l'aide des principes de la possession de biens.

Si l'émancipé vient à mourir avant d'avoir obtenu la possession de biens, ses héritiers ne pouvant pas la demander en leur nom puisqu'ils n'étaient pas à l'époque du décès du *de cujus* dans les conditions voulues pour y prétendre, ni au nom de leur auteur, parce que la faculté de l'obtenir est essentiellement personnelle, ne sauroient être astreints à la *collatio.*

Est-il mort, au contraire, après avoir obtenu la possession de biens, ses héritiers sont tenus comme il l'était lui-même d'effectuer l'apport de tous les biens.

La loi 4 § 3 de *bon. poss. contr. tab.* nous indique un cas où l'obligation de la *collatio* prend naissance en la personne des héritiers de l'émancipé.

Il faut supposer qu'un père a institué son fils émancipé et passé sous silence un autre enfant qui est encore dans le sein de sa mère. Dans cette hypothèse, le fils émancipé peut obtenir du Préteur la possession de biens *contra tabulas,* sans attendre la naissance du posthume.

S'il meurt avant d'avoir exercé cette faculté, ses héritiers jouissent du même avantage.

Il s'agit ici d'une possession de biens décrétale, c'est-à-dire qui n'est prononcée par le Préteur qu'après l'examen des circonstances de la cause.

La *collatio* est encore due :

1º Par les enfants de l'émancipé nés depuis son émancipation et devenus *sui juris* par sa mort.

De même que dans l'hérédité du droit civil, le droit de représentation était admis et que les enfants d'un fils prédécédé pouvaient prendre sa place, de même dans la succession prétorienne les enfants de l'émancipé prédécédé étaient admis à la mort de leur aïeul, à réclamer la possession de biens pour la part à laquelle leur père aurait eu droit.

A ce titre, ils se trouvaient assujettis à la *collatio.*

Nous déterminerons dans le chapitre suivant l'étendue de leur obligation.

2° Par les enfants de l'émancipé que l'aïeul a retenus sous sa puissance, en émancipant leur père.

Ceux-ci n'avaient jamais fait partie de la famille civile de leur père. C'était donc grâce à une autre fiction, qu'ils étaient appelés à sa succession. Le Préteur ne considérant que le lien naturel, les avait assimilés à leurs frères en puissance et leur avait concédé les mêmes droits.

S'ils étaient devenus *sui juris* à la mort de leur père, ils prenaient part personnellement à l'hérédité paternelle et apportaient leurs propres biens. Mais ils pouvaient encore se trouver, à cette époque, sous la puissance de leur aïeul. Dans ce cas, c'était l'aïeul qui profitait du bénéfice de la possession de biens.

3° Par les enfants donnés en adoption. Les enfants donnés en adoption, qui faisaient encore partie de leur famille adoptive au moment du décès de leur père, n'étaient pas appelés par le Préteur à sa succession. Leur présence dans la famille adoptive ne permettait pas de les considérer comme étant toujours restés dans la famille de leur père. Ils ne pouvaient pas appartenir à la fois à deux familles. Ils avaient, d'ailleurs, l'espérance de recueillir un jour la succession de leur père adoptif (*Inst. Just.*, L. III, tit. i, § 13).

D'un autre côté, les enfants qui étaient sortis de la famille adoptive étaient assimilés aux émancipés.

Il paraît donc étonnant, au premier abord, que nous indiquions spécialement les enfants donnés en adoption parmi ceux qui peuvent être assujettis à la *Collatio*.

Cependant la loi 1, § 14, *de collatione* ne laisse pas place au moindre doute : *Is quoque qui in adoptivâ familiâ est, conferre cogitur*.

Il faut, pour expliquer cette contradiction apparente des textes, supposer l'hypothèse prévue par la loi 8, § 11, *De bon. poss. contra Tabulas.*

Un père a institué héritiers son fils en puissance et son fils donné en adoption, mais il a omis un autre fils émancipé.

Dans ce cas, si l'émancipé réclamait la possession de biens *contra Tabulas*, le fils donné en adoption pouvait également l'invoquer.

Mais il ne pouvait pas recueillir le bénéfice de la possession de biens puisqu'il était en puissance. Il était dans une situation identique à celle du fils de l'émancipé retenu sous la puissance de l'aïeul.

Comme tous deux étaient *alieni juris*, et partant n'avaient aucun patrimoine, ils n'avaient rien à apporter aux héritiers siens.

Un Rescrit de Marc-Aurèle et de Verus imposa à l'aïeul et au père adoptif l'obligation d'apporter leurs propres biens. S'il était rigoureux pour les héritiers siens de subir le concours du fils de l'émancipé ou du fils adoptif, sans compensation, il était peut-être plus dur encore d'assujettir l'aïeul ou le père adoptif à la *collatio* de tous leurs biens personnels. Aussi, le Rescrit leur réserva-t-il la faculté de se soustraire à cette lourde charge, en émancipant le fils adoptif ou le petit-fils ; mais il fallait que l'émancipation fût sérieuse.

Dans ce cas, le fils adoptif et le petit-fils émancipés prenaient part à la succession sans pouvoir être astreints à la *collatio*, puisqu'ils ne possédaient rien. Les héritiers siens souffraient donc de leur intervention. Mais, à défaut de compensation immédiate, il leur restait l'espérance de recueillir dans la succession de l'aïeul les biens qui lui avaient été acquis, par son petit-fils, pendant qu'il était sous sa puissance.

Cette expectative était refusée à ceux qui subissaient le concours du fils adoptif. Étrangers au père adoptif, ils ne pouvaient pas lui succéder.

Il resterait à examiner si les émancipés exhérédés sont soumis à la *collatio;* mais nous réservons cette question pour la résoudre à la fin de cette section.

Nous avons déterminé les personnes qui devaient la *collatio bonorum;* il faut maintenant indiquer les personnes qui pouvaient l'exiger.

Les héritiers siens avaient seuls le droit d'exiger la *collatio.* Cette formule exclut les émancipés. Ceux-ci, n'étant pas appelés par le droit civil, n'avaient d'autre droit que celui qu'il avait plu au Préteur de leur concéder. La possession de biens qui leur était accordée constituait pour eux un pur avantage. Partant, ils ne pouvaient pas profiter de la *collatio* qui est, nous le savons, la réparation d'un préjudice éprouvé.

La qualité d'héritier sien suffisait-elle? « *Inter eos dabi-* » *tur collatio quibus possessio data est,* » dit le jurisconsulte Ulpien, dans la loi 1, § 1, *de Collatione.* Le Préteur n'accordait, en effet, le droit d'exiger la *collatio* qu'aux héritiers siens qui s'étaient adressés à lui pour obtenir la possession de biens. On conçoit parfaitement qu'il ait refusé sa protection, à ceux qui dédaignaient le secours du droit prétorien.

Par suite, si le fils de famille institué fait seulement adition et que son frère émancipé obtienne la possession de biens *contra tabulas*, il n'aura pas droit à la *collatio.*

Cette exigence fut écartée par les Prudents.

Le jurisconsulte Scœvola, prévoyant cette espèce dans la loi 10 de *collatione*, décide que le fils de famille qui s'est abstenu de la possession de biens pourra néanmoins exiger la *collatio* de son frère émancipé. La raison qui paraît avoir déterminé Scœvola à s'écarter des termes de l'édit, n'est autre que la considération du principe même de la *collatio*. Le principe de la *collatio* est la réparation du préjudice que la vocation prétorienne de l'émancipé cause aux héritiers siens. Si donc le fils émancipé nuit à son frère en puissance, il est juste et conforme à ce principe de l'obliger à la *collatio*.

Il ne faudrait pas exagérer la portée de l'innovation que nous venons d'indiquer : Ce que les Prudents ont supprimé, c'est la nécesssité à laquelle l'héritier sien était soumis de demander la possession de biens. Mais l'héritier sien doit se trouver dans la situation juridique voulue pour être en droit de la demander. Il est sans doute dispensé d'user de ce droit : mais encore faut-il qu'il l'ait. Ce point résulte de la dernière partie de la loi 10 « *sed magis sentio, ut* » *quemadmodum pro parte hereditatem retinet jure eo* » *quod bonorum possessionem petere posset, ita et con—* » *ferre ei debeat.* »

L'édit n'exigeait pas seulement que l'héritier sien obtint la possession de biens : il voulait en outre que la possession de biens obtenue par l'héritier sien fut précisément celle qui avait été déférée à l'émancipé soumis à la *collatio*. Si donc l'émancipé avait obtenu la possession de biens *contra tabulas*, le fils de famille devait de son côté obtenir la même possession pour avoir droit à la *collatio*.

La loi 7 *de dotis collatione* fait allusion à cette condition par ces mots : *cum diverso jure fratres sunt heredes.*

Mais la loi 20, § 1, *de bon. poss. con. tabulas* que nous avons déjà eu l'occasion de citer, pose nettement la règle, en même temps qu'elle l'applique à l'espèce prévue dans son paragraphe précédent.

Le jurisconsulte Tryphoninus à qui cette loi est empruntée suppose dans le premier paragraphe de cette loi que le testateur a institué un étranger, exhérédé son fils en puissance et omis son fils émancipé.

De deux choses l'une : ou l'étranger institué fait adition ou il ne fait pas adition.

1re hypothèse. — L'étranger ne fait pas adition ; il prendra souvent ce parti, par suite de la certitude où il est d'être dépouillé de l'hérédité par la possession de biens *contra tabulas* que l'émancipé ne manquera pas d'invoquer.

Le testament est *destitutum* : il est donc considéré comme non avenu. Partant il y a ouverture de l'hérédité *ab intestat;* le fils en puissance dont l'exhérédation s'est évanouie avec le testament qui la prononçait, devient seul héritier sien en vertu du droit civil; de son côté l'émancipé a seul droit à la possession des biens *contra tabulas* qui est donnée *contra lignum*, quel que soit le sort réservé au testament.

En présence de ce conflit de droits, le jurisconsulte attribue la succession aux deux enfants par moitié, comme si le *de cujus* était mort intestat.

Puis il se demande si le fils émancipé devra la *collatio* de ses biens à son frère et il décide qu'il n'y sera pas tenu. A l'appui de cette décision, le jurisconsulte fait valoir deux arguments décisifs que nous ne pouvons mieux présenter qu'en traduisant le texte.

« 1° L'émancipé n'est pas astreint à faire la *collatio* par
» la partie de l'édit qui lui donnait droit à la possession de
» biens *contra tabulas* : en effet, elle oblige l'émancipé à
» faire la *collatio* à ceux qui auront obtenu cette possession
» de biens ; or, le fils en puissance ne peut pas invoquer la
» possession de biens *contra tabulas*, puisqu'il a été exhé-
» rédé nominativement ; il n'y est pas non plus obligé par
» la partie de l'édit, qui exigeait la *collatio* de l'émancipé
» admis à la possession de biens de son père décédé intes-
» tat...

» 2° Le fils en puissance ne peut pas exiger la *collatio*; en
» effet, exhérédé par son père, exclu de la possession de
» biens *contra tabulas*, il n'a acquis le titre d'héritier sien
» que grâce à la répudiation de l'étranger institué et celui-ci
» a répudié l'hérédité parce que la possession de biens *contra*
» *tabulas* qui appartient à l'émancipé, devait lui en ravir
» tout l'émolument. »

En résumé, la *collatio* n'a pas lieu : parce que l'héritier
sien et le fils émancipé viennent à la succession à des titres
différents, *diverso jure*, et parce que la possession de biens
donnée à l'émancipé, loin de nuire au fils de famille, lui a,
au contraire, fait acquérir la qualité d'héritier sien.

2me hypothèse. — L'étranger institué fait adition de
l'hérédité.

Le fils émancipé appréhende toute la succession au
moyen de la possession de biens *contra Tabulas*.

Le fils de famille se trouve valablement exhérédé ; mais il
à la ressource de la *querela inofficiosi testamenti*, qu'il est
autorisé à intenter contre son frère émancipé, devenu seul
maître de l'hérédité.

« *Ad hereditatis petitionem admittendus est ex causâ*

» *inofficiosi querelæ contra emancipatum movendæ.* »
Même loi.

S'il triomphe dans sa demande, il partagera l'hérédité avec son frère émancipé; mais pourra-t-il exiger de ce dernier la *collatio?*

Nous ne le pensons pas; les deux frères sont appelés à l'hérédité *diverso jure :*

L'émancipé succède en vertu de la possession de biens *contra Tabulas,* tandis que le fils de famille succède *ab intestat,* en qualité d'héritier sien. La *querela inofficiosi testamenti,* accueillie par le juge, *intestatum patrem facit,* et donne ouverture à la succession *ab intestat.*

Il résulte clairement, ce nous semble, des explications qui précèdent, que les fils de famille exhérédés n'ont jamais le droit d'exiger la *collatio.* Nous pouvons maintenant résoudre la question que nous avons réservée dans la précédente section, celle de savoir si les émancipés exhérédés sont soumis à la *collatio.*

Le père a pu instituer un étranger, après avoir exhérédé son fils en puissance et son fils émancipé, ou instituer son fils en puissance après avoir exhérédé son fils émancipé.

Dans l'un et l'autre cas, si l'héritier institué, fils de famille ou étranger, ne fait pas adition de l'hérédité, le testament devient *destitutum,* et l'exhérédation simple ou double qu'il renferme disparaît.

Le père est mort *intestat,* et sa succession appartient au fils de famille devenu héritier sien. Mais l'émancipé qui s'est fait donner la possession de biens *undè liberi,* vient partager avec lui et prendre la moitié de l'hérédité. Dans cette hypothèse, nul doute que la *collatio* ne soit due au fils de famille.

Les deux frères viennent tous deux au même titre à la succession *ab intestat* de leur père.

Si le fils de famille n'a pas demandé la possession de biens *undè liberi*, comme il le pouvait, cette abstention n'a plus pour effet de le priver du bénéfice de la *collatio*.

Supposons que l'héritier institué ait fait adition. Il importe alors de distinguer si l'institué est le fils de famille ou un étranger.

1° L'INSTITUÉ EST LE FILS DE FAMILLE.

L'émancipé étant valablement exhérédé n'a pas le secours de la possession de biens *contra Tabulas ;* mais il peut intenter la *querela inofficiosi testamenti.* S'il réussit, il obtiendra la moitié de la succession conjointement avec l'institué.

Devra-t-il la *collatio* à son frère? Non ; car il n'intervient pas au partage de l'hérédité au même titre que lui. Le fils de famille demeure régulièrement institué pour la moitié et ne succède pas *ab intestat ;* l'émancipé, au contraire, vient à la succession *ab intestat,* son père étant considéré, vis-à-vis de lui, comme décédé *intestat.*

2° L'INSTITUÉ EST UN ÉTRANGER.

Les deux frères intentent avec succès la *querela ;* le testament se trouve annulé en entier, et le père est mort *intestat.*

La succession est recueillie au même titre par les deux frères. Il y aura donc lieu à la *collatio.*

La situation respective des deux frères est absolument la même que dans l'hypothèse qui a donné lieu à l'institution du rapport. Il est vrai que le fils de famille a été exhérédé ; mais on peut répondre que le fils émancipé l'a été également.

D'aillenrs, l'exhérédation a été entièrement effacée par la réussite de la *querela*, et ne doit pas être prise en considération.

Le droit d'exiger la *collatio* n'appartenait pas à tous les héritiers siens, mais seulement à ceux qui souffraient de l'intervention de l'émancipé. C'est ainsi que dans l'hypothèse qui a donné lieu à l'édit *de Conjungendis,* l'émancipé ne devait la *collatio* qu'à ses propres enfants, auxquels il enlevait la moitié de leur part.

Le droit d'exiger la *collatio* est-il transmissible héréditairement?

Julien résout la question par une distinction dans la loi 1, § 8, *de Collatione :*

L'héritier sien est-il mort après avoir obtenu la possession de biens, ses héritiers succédant au bénéfice de cette possession, héritent du droit d'exiger la *collatio.* S'il est, au contraire, mort sans l'avoir obtenue, ses successeurs ne peuvent pas la demander en leur nom, et, par suite, exiger la *collatio.* Toutefois, le Préteur n'abandonne pas les héritiers; il les autorise, après examen des circonstances, à conserver la part qui était acquise à leur auteur, en vertu du testament.

Cette décision de Julien repose sur l'obligation imposée par le Préteur aux héritiers siens d'obtenir la possession de biens pour avoir droit à la *collatio.*

Cette exigence a été supprimée, et l'on peut se demander si les Prudents n'ont pas donné aux héritiers le même droit qu'à leur auteur, sans égard à la possession de biens.

L'héritier sien a droit à la *collatio*, lorsqu'il peut demander la possession de biens, c'est un droit acquis qui compte dès lors dans son patrimoine et qui devient comme tel, transmissible à ses successeurs.

Nous pensons donc que la distinction de Julien n'a plus de fondement et que les hériters succèdent toujours au droit d'exiger la *collatio*.

III. QUELS BIENS SONT SOUMIS A LA COLLATIO?

Nous devons rappeler ici le principe qui a servi de fondement à l'établissement de la *collatio*, afin d'en déduire plusieurs conséquences importantes au point de vue de la détermination des biens qui y sont soumis.

La *collatio* fut établie pour indemniser les héritiers siens du préjudice que la vocation prétorienne de l'émancipé leur causait.

Ce préjudice résultait uniquement de l'appropriation exclusive à l'émancipé des biens qu'il avait acquis, grâce à son émancipation, et qui eussent sans ce secours, fait partie du patrimoine commun.

La *collatio* ne devait donc comprendre que cette espèce de biens.

Par conséquent ceux que l'émancipé avait acquis postérieurement à la mort du père de famille, n'y étaient pas sujets.

Tandis qu'en principe les biens, qu'il possédait au moment du décès du père de famille devaient seuls être apportés.

On n'a pas égard aux biens qui ont cessé de lui appartenir à cette époque ni au mode d'aliénation de ces biens. Le Préteur prévoit la fraude et il oblige l'émancipé à indemniser ses frères de la valeur des choses qu'il a consommées ou aliénées, en vue de les soustraire à la *collatio*. L. I § 23 *de collatione*.

Faut-il présumer le dol, lorsque l'aliénation a eu lieu à titre gratuit, et éxiger dans tous les cas la *collatio* de l'estimation de l'objet donné ? nous serions porté à le croire, par application des principes généraux du Droit Romain sur la rescision des actes frauduleux.

Il n'y a pas lieu non plus de faire apporter les choses que l'émancipé a refusé d'acquérir les legs ou les hérédités qu'il a répudiés, *hic et sibi insidiatus est*, disent les Jurisconsultes Romains. Cette raison tirée de l'intérêt personnel de l'émancipé, ne saurait légitimer une abstention qui a eu pour but réel de nuire aux héritiers siens. Toutefois les textes sont formels et conformes aux principes du Droit Romain.

Nous connaissons l'objet et l'étendue de l'obligation qui incombe aux émancipés.

Mais la détermination des biens qui composent le patrimoine de l'émancipé au moment du décès du père de famille présente de graves difficultés.

Nous trouvons, à ce propos, dans les textes une application remarquable de la diversité des effets de la condition, suivant qu'elle est apposée à une stipulation ou à un legs. Si l'émancipé a stipulé sous une condition qui ne s'est réalisée qu'après le décès du *de cujus*, il doit en comprendre le montant dans la *collatio* à laquelle il est tenu. Il en serait autrement, si nous supposons un legs au lieu d'une stipulation.

Le legs demeurerait propre à l'émancipé.

La raison de cette différence nous est connue. La condition accomplie reçoit un effet rétroactif dans la première hypothèse et n'en a pas dans la seconde, de sorte que la stipulation a été acquise à l'émancipé avant le décés du *de cujus*, tandis que le legs lui est advenu postérieurement.

Il résulte de la comparaison des paragraphes 18 et 19 que la même différence existe entre le legs et le fideicommis, *quum pater morietur*.

Ulpien suppose dans le paragraphe 18 que le père institué héritier par un tiers a été chargé d'un legs, *quum morietur*, au profit de son fils émancipé et dans le paragraphe 19, que le père également institué héritier par un tiers a été grévé d'un fideicommis, *quum morietur*, en faveur de son fils émancipé et il se demande si l'émancipé admis à la possession des biens de son père décédé, devra faire la *collatio* du legs et du fideicommis. Le jurisconsulte soumet à la *collatio* le legs et en affranchit le fideicommis. La raison de cet affranchissement nous est donnée par le texte : *quia moriente eo ejus non fuisset*. Au moment de la mort de son père les choses qui font l'objet du fideicommis n'appartenaient pas au fils émancipé et ce n'est qu'après la mort de son père qu'elles sont devenues siennes.

L'intelligence de cette décision commande le rappel des principes qui réglaient la validité de ces sortes de dispositions.

Les jurisconsultes, jaloux d'assurer l'exécution des dispositions du testament, avaient admis la validité du legs fait au fils émancipé, *quum pater morietur*, au moyen de l'interprétation littérale de ces mots : *quum morietur*. Le legs s'ouvrait en faveur du fils au moment précis de la mort de son père, c'est-à-dire pendant la vie de ce dernier. Grâce à cette subtilité, le legs échappait à la nullité dont étaient frappés les legs *post mortem heredis*.

Cette interprétation, finement judaïque, n'avait pas été appliquée au fidéicommis *quum pater morietur*, par l'excellente raison que le fidéicommis *post mortem heredis* était valable par lui-même.

Nous devons faire remarquer que c'est par inadvertance que le paragraphe 18 a été inséré dans le Digeste. Nous savons, en effet, que Justinien a entièrement assimilé les legs aux fidéicommis, et réciproquement.

Une des conséquences de cette assimilation est précisément la validité du legs *post mortem heredis*, ainsi que l'indique le paragraphe 35, *de Legatis,* aux *Institutes*.

La loi 11, à notre titre, supposant qu'un fidéicommis *post mortem patris* a été exécuté du vivant du père institué héritier, décide que le fils émancipé ne sera pas tenu à la *collatio* des choses comprises dans le fidéicommis.

L'émancipé possédait les choses du vivant de son père, à titre de donataire; mais, dès l'instant de la mort de son père, ce titre se trouve interverti, et l'émancipé en devient possesseur en qualité de créancier du fidéicommis.

Le principe d'après lequel l'émancipé n'apporte aux *sui* que les biens dont il est propriétaire au moment du décès du père de famille, souffre plusieurs exceptions.

1° L'enfant posthume du fils émancipé, né après la mort de son aïeul, devait, en obtenant la possession de biens, apporter ses propres biens, et notamment l'hérédité de son père, et cependant, à la mort de son aïeul, il ne possédait rien, puisqu'il n'était pas né. Mais c'était la conséqence naturelle de la fiction qu'on avait imaginée en faveur de l'enfant simplement conçu, et grâce à laquelle il était habile à succéder. Du moment qu'il profitait de l'émolument de l'hérédité, il était juste et rationel qu'il en subît les charges.

Notons une exception que la loi 12 à notre titre apporte à la règle qui considère comme né l'enfant simplement conçu, dès qu'il y va de son intérêt.

Le *de cujus* a laissé sa femme enceinte d'un fils posthume sien, laquelle s'est fait envoyer en possession *nomine ventris*. Cependant la *collatio* n'est pas due jusqu'à la naissance du posthume.

2° Un fils émancipé, prisonnier de guerre au moment du décès de son père, revient à Rome et réclame sa part dans la succession paternelle. Réintégré dans ses droits, il obtient la possession de biens, mais à la charge de faire la *collatio* de ses biens.

Il est vrai qu'au moment de l'ouverture de la succession, il ne possédait rien, puisqu'il était captif. Mais le *postliminium* a effacé rétroactivement les conséquences juridiques de sa captivité, et par suite son droit de propriété n'a jamais été atteint.

Il n'est pas superflu d'indiquer que le captif, qui avait été racheté, ne recouvrait sa liberté et ses droits que lorsqu'il avait remboursé le prix de sa rançon. D'après une constitution des Empereurs Honorius et Théodosius, insérée au Code, loi 20, *de Postliminio, reversis et redemptis ab hostibus,* il se trouvait libéré à l'expiration d'un délai de cinq ans, et il reprenait possession de ses biens.

3° L'émancipé n'est pas obligé d'apporter le pécule *castrans* du fils qu'il a en sa puissance. Les biens qui composent ce pécule sont en quelque sorte la propriété du fils de famille, qui peut en disposer par testament. S'il n'use pas de ce droit, qui lui a été reconnu par les Constitutions Impériales, ses biens font retour à son père *jure peculii.*

Supposons avec la loi 1, § 22, à notre titre, que peu de temps après l'ouverture de la succession paternelle à laquelle l'émancipé est appelé, son fils meure intestat, laissant un pécule *castrans.*

Dans ce cas, l'émancipé devra apporter ce pécule avec ses autres biens. Cependant, il n'en était pas propriétaire au jour du décès de son père. Ce pécule est censé lui avoir appartenu toujours *jure peculii.*

Le jurisconsulte Ulpien va beaucoup plus loin, et, supposant que le fils de famille décédé après son aïeul a institué son propre père héritier, en lui donnant un substitué, il décide que le père sera tenu à la *Collatio* du pécule, s'il n'a pas encore fait adition au moment où la *Collatio* doit avoir lieu.

Le raisonnement d'Ulpien peut se formuler ainsi. A l'époque où le père institué doit effectuer la *collatio* il est propriétaire *jure peculii* du pécule castrans ; il est vrai que son fils a disposé de ce pécule, en l'instituant héritier par testament ; mais les effets de ce testament demeurent suspendus par suite du défaut d'adition : on doit donc alors faire abstraction de l'institution et régler le sort du pécule comme si elle n'avait pas été faite ; or, lorsque le fils n'a pas disposé de son pécule, ce pécule appartient au père *antiquo jure* et est censé lui avoir toujours appartenu. Ce pécule appartenait donc à l'émancipé au moment du décès du père de famille et à ce titre, il doit être apporté.

La substitution ne modifie aucunement la situation juridique que nous avons indiquée.

A vrai dire, les différentes hypothèses que nous venons d'exposer constituent plutôt des applications détournées du principe que de véritables exceptions, et si nous les avons présentées sous forme d'exceptions, c'est que les Jurisconsultes nous en avaient donné l'exemple.

Ainsi donc : sont seuls soumis à la *collatio* les biens qui appartenaient à l'émancipé au moment du décès du père de famille.

Mais il faut que ce soient de véritables biens, c'est-à-dire des choses susceptibles d'être évaluées et converties en argent. L'action d'injures, par exemple, n'est pas un bien, elle reste personnelle à l'émancipé.

On sait que le délit d'injures donne naissance à deux actions, l'une criminelle et l'autre civile, et que l'exercice de l'une d'elles entraîne l'extinction de l'autre. Mais dans l'une comme dans l'autre, le but poursuivi est purement pénal *magis enim vindictæ quâm pecuniæ habet persecutionem*, L. 2, § 4, à notre titre.

Tous les biens qui appartenaient à l'émancipé à l'époque du décès du père n'étaient pas sujets à la *collatio* ; certains biens en étaient affranchis.

3°. QUELS BIENS ÉTAIENT DISPENSÉS DE LA COLLATIO ?

Le pécule castrans et le pécule quasi castrans étaient affranchis de la *Collatio*. Le pécule castrans était la propriété du fils de famille qui était considéré par rapport aux biens composant ce pécule, comme un *pater familias*. Reconnu propriétaire du pécule, du vivant du chef de famille, par une faveur singulière et en dépit des principes qui gouvernaient la famille Romaine, il ne pouvait pas cesser de l'être à la mort du chef dc famille et en conséquence, il prélevait son pécule, avant tout partage. Si le fils de famille devenu héritier sien avait le droit de conserver son pécule castrans, l'émancipé devait être autorisé à ne pas apporter le sien.

Ce privilége réservé d'abord au pécule castrans fut dans la suite étendu au pécule quasi castrans. La question de savoir si la *quarte* Antonine serait sujette à *collatio* souleva quelques difficultés.

En vertu d'un Rescrit d'Antonin, *l'impubère sui juris* qui s'est donné en adrogation peut réclamer le quart des biens de l'abrogeant lorsqu'il vient à être émancipé sans juste cause ou exhérédé.

L'impubère adrogé doit-il, lorsqu'il vient à la succession de son père naturel, au moyen de la possession de biens, faire la *collatio* de la *quarte* à laquelle il a droit ?

La question revient à savoir si l'action tendant à obtenir la *quarte* est personnelle à l'adrogé ou transmissible à ses héritiers, dit le jurisconsulte Ulpien. Si elle est considérée comme personnelle, elle devient alors une espèce d'action d'injures et comme telle, échappe à la *collatio :* si, au contraire, elle est déclarée transmissible aux héritiers, elle demeure dans la classe des actions ordinaires qui ont un but pécuniaire. Les Jurisconsultes ayant reconnu la transmissibilité héréditaire de cette action, l'ont par là même assujettie à la *Collatio.* Ulpien qui le décide ainsi dans la loi I, § 21, à notre titre, justifie sa décision par cette proposition : *quia personalis actio est.*

Certains auteurs ont proposé une correction, et ajouté au texte la négative *non* ; rien n'autorise cette modification et l'on peut interprèter le mot *personalis*, en ce sens que l'action de la *quarte* constitue un droit de créance.

Pour qu'il soit question de la *Collatio* de la *quarte*, il faut nécessairement que l'action qui doit la procurer à l'adrogé soit née, et par suite que l'adrogeant soit mort.

Les donations que le père a faites à son fils pour le soutien des dignités dont celui-ci était revêtu, sont exemptes de la *Collatio*.

Si la somme promise par le père est encore due à son décès, elle reste à la charge de sa succession et est acquittée par les héritiers en proportion de leur part héréditaire.

L'émancipé ne doit pas non plus tenir compte des dépenses qui ont été faites pour son instruction et son éducation. Cependant les frais d'éducation étaient sujets a *Collatio* lorsque le père les avait acquittés *credendi animo*, en vue de faire une avance à son fils, L. 50 *familiæ erciscundæ*.

Quant à la dot que l'émancipé a reçue de sa femme, il faut distinguer suivant que le mariage dure encore ou est dissous à l'époque du décès du père de famille.

Dans le premier cas, l'émancipé ne doit pas faire la *Collatio* de la dot. La raison nous en est fournie par de nombreux textes. Le fils de famille a d'abord été autorisé à prélever, à la mort du père, la dot de sa femme ; puis, comme il était de principe que l'émancipé n'était jamais astreint à apporter les biens que ses frères en puissance pourraient prélever, la dot de la femme de l'émancipé fut exemptée de la *Collatio*.

Bien que le mari soit, d'après les principes rigoureux du droit, *dominus dotis*, la femme n'en a pas moins, à certains points de vue, la propriété de sa dot, *dos tamen mu-*

lieris est, l. 75 *de jure dotium.* De plus, la dot a reçu une destination spéciale, puisqu'elle doit être employée à l'acquit des charges du mariage ; or, ces charges continuent après le décès du père de famille d'incomber au mari, par-conséquent il doit conserver exclusivement les valeurs qui lui ont été livrées, dans le but d'y faire face. *Ibi dos esse debet, ubi onera sunt matrimonii* (l. 56, § 1, *de Jure dotium*).

Lorsque le mariage est dissous, et dissous par le prédécès de la femme (ce n'est que dans ce cas que le mari peut conserver les biens dotaux), nous n'hésitons pas à dire que le mari sera tenu à la *Collatio* de la dot. Cependant la loi 1, § 20, à notre titre, qui prévoit précisément l'hypothèse du prédécès de la femme, semble énoncer une solution contraire.

Le principal fondement sur lequel reposent le prélève-ment et la dispense d'apport de la dot est son affectation spéciale aux charges du mariage. Par conséquent elle doit perdre ce caractère privilégié en perdant sa destination et subir la loi commune des biens de l'émancipé.

De nombreux textes confirment ce point de vue.

La loi 46, *familiæ erciscundæ*, subordonne la faculté du prélèvement de la dot à l'existence du mariage au moment du décès du père de famille.

La loi 65, § 16, *pro socio,* renferme une application de ce principe. Le jurisconsulte Paul, décide que l'associé qui est encore marié au moment de la dissolution de la société doit prélever la dot de sa femme et qu'au contraire l'associé veuf ou divorcé doit remettre à la masse les biens dotaux.

On peut d'ailleurs interpréter le texte du paragraphe 20,

dans le sens de la solution que nous avons donnée, en traduisant ces mots : *etsi antè uxor decesserit* comme suit : quoique la femme soit morte avant le moment où la *collatio* est exigée et en ajoutant ce qui est sous-entendu : mais après l'ouverture de l'hérédité.

A part ces exceptions, tous les biens que l'émancipé possédait au jour du décès de son père doivent être apportés.

Mais si quelques-uns de ces biens ont péri depuis le décès, qui en supportera la perte ?

Les textes distinguent : s'ils ont péri par le dol ou la faute de l'émancipé, celui-ci doit en apporter la valeur ; s'ils ont péri par cas fortuit, il en est exempté. Cette distinction résultait naturellement des termes de l'édit : Le Préteur disposait que la *collatio* aurait lieu *arbitratu viri boni*.

Nous pensons qu'il faut apprécier la faute de l'émancipé *in concreto* et n'exiger de lui que les soins qu'il apportait à ses propres biens.

La situation de l'émancipé par rapport à ses biens est celle d'un communiste, puisqu'il doit les partager avec les héritiers siens ; il est donc rationnel de lui appliquer la même responsabilité.

Nous avons jusqu'à présent indiqué les deux premières opérations qui doivent se faire sur le patrimoine de l'émancipé :

1° Détermination précise des biens qui appartenaient à l'émancipé, à l'instant du décès du *de cujus*.

2° Distraction des biens dispensés de la *collatio*.

Il reste maintenant :

1° A évaluer les biens sujets à la *collatio*, déduction faite des dettes qui les grèvent.

2º Et à régler la quotité de ces biens qui doit être fournie en nature ou par équivalent aux héritiers siens.

Les droits réels ou de créance qui composent la masse des biens à apporter doivent être estimés à leur juste valeur. Il faut pour apprécier et déterminer cette valeur, se placer au moment où la *collatio* est exigée par les héritiers siens.

Partant les fruits et les accroissements naturels qui ont augmenté le patrimoine depuis l'ouverture de la succession doivent être compris dans cette estimation.

Quant aux pertes, nous en avons traité plus haut, à propos de la responsabilité de l'émancipé.

Lorsqu'on a évalué les biens, on en déduit le montant des dettes, conformément à ce principe de raison : *Bona non intelliguntur, nisi ære deducto.*

On ne comprend pas dans le passif les dettes conditionnelles de l'émancipé; les héritiers siens lui donnent caution de l'indemniser, si la condition vient à se réaliser.

Nous déterminerons la portion de biens qui est effectivement apportée aux héritiers siens, en traitant de l'exécution de la *Collatio.*

4º COMMENT LA COLLATIO S'OPÈRE-T-ELLE?

Si le Préteur avait conçu la *Collatio* des biens de l'émancipé comme une conséquence forcée de la rescision de son émancipation, l'exécution de la *Collatio* eût naturellement consisté dans la réunion réelle de ces biens au patrimoine paternel. Ce patrimoine, ainsi accru, eût été partagé, selon le vœu du droit naturel, entre tous les enfants du *de cujus*, sans distinction des émancipés et des héritiers siens.

Mais le Préteur, exclusivement préoccupé du tort que l'émancipé causait aux *sui* par son intervention, ne songea qu'à le réparer, et comme il établit dans ce but la *Collatio bonorum*, il ne l'institua qu'en faveur des héritiers siens.

Ce principe une fois admis que la *Collatio* ne doit profiter qu'aux enfants en puissance amena l'exclusion de l'apport en nature que nous venons d'indiquer.

Ce mode d'exécution était encore applicable dans l'hypothèse où il n'y avait qu'un émancipé en concours avec un ou plusieurs héritiers siens.

Dans ce cas, quelque soit le mode employé pour opérer l'apport, que l'émancipé réunisse ses propres biens à la masse héréditaire, ou qu'il les partage séparément avec ses frères restés en puissance, ou qu'il s'oblige pour le montant de la valeur estimative de leur part dans ses propres biens, le résultat est absolument identique.

Cette identité de résultat [tient à ce que chaque héritier sien a droit à la même quotité des biens paternels et des biens apportés.

Mais s'il se trouve plusieurs émancipés qui viennent à la succession conjointement avec les *sui,* ce mode d'exécution devient impraticable.

Nous choisissons l'hypothèse de la loi 3, à notre titre.

Un père meurt, laissant une hérédité d'une valeur de 400, qui est recueillie par deux enfants en puissance et deux enfants émancipés. L'un des émancipés apporte 60 et l'autre 100.

Admettons pour un instant que chaque émancipé réunisse à la masse héréditaire ses biens. La masse, ainsi composée des biens paternels et des biens des émancipés, vau-

drait 560, à partager entre les quatre enfants, qui auraient
de la sorte 140. D'après ce règlement, chaque émancipé
profite de la *collatio* effectuée par l'autre émancipé, résultat inconciliable avec le principe même de la *collatio*.

On fut donc amené à considérer séparément la masse
héréditaire et le patrimoine de chaque émancipé. Tous les
enfants prennent une part égale des biens paternels.

Quant au patrimoine particulier de chaque émancipé, on
en fait le partage en autant de parts qu'il y a d'héritiers
siens, plus une qui est laissée à l'émancipé.

Dans l'espèce posée, chaque héritier sien prend 153,
l'un des émancipés 133 et l'autre 120.

Ce mode de règlement aboutit, dans certains cas, à des
conséquences fâcheuses. Supposons un héritier sien et deux
émancipés.

Chaque émancipé perd la moitié de ses biens et ne prend
cependant que le tiers des biens paternels ; assurément il
éprouve un préjudice. Les Jurisconsultes se montrèrent peu
soucieux de ce résultat. Paul, dans la loi 2, § 5, à notre
titre, répond à l'émancipé qui se plaint, qu'il n'a qu'à s'abs-
tenir et à ne pas user de la faculté de demander la possession de biens.

Le système de la division des biens apportés par chaque
émancipé en autant de parts qu'il y a d'héritiers siens, plus
une, fut donc adopté. On appliqua à ce partage partiel les
règles établies pour le partage de l'hérédité paternelle.

Les petits-fils sont admis à représenter leur père prédécédé et à prendre sa part.

Si le *de cujus* a laissé un fils en puissance et deux petits-
.fils, issus de son fils prédécédé, également en puissance, et

un autre fils émancipé ; les biens que l'émancipé doit apporter seront partagés en trois lots, dont l'un sera donné au fils de famille, l'autre aux petits-fils, et le troisième laissé à l'émancipé.

Le résultat serait le même si l'émancipé était prédécédé, laissant deux enfants nés depuis son émancipation, et devenus *sui juris* par sa mort.

Les petits-fils, concourant avec leur oncle héritier sien, conserveront la part qu'eût conservée leur père, c'est-à-dire la moitié de leurs biens, et apporteront l'autre moitié à leur oncle.

Chacun d'eux sera donc privé par la *Collatio* de la moitié de ses biens et cependant ne prendra qu'un quart dans l'hérédité. C'est la conséquence inévitable du principe de la représentation appliqué à notre espèce, Paul fait remarquer en faveur de cette décision que si les petits-fils étaient restés sous la puissance paternelle et qu'ils eussent acquis 200, l'héritier sien du premier degré aurait pris 100 et les petits-fils ensemble 100.

L'application du principe de la division des biens apportés amenait des résultats remarquables.

Paul suppose, dans le § 6 de la loi 2, à notre titre, un petit-fils émancipé dont le père est lui-même émancipé. L'aïeul et le père meurent en même temps, laissant chacun un héritier sien, le petit-fils demande et obtient la possession des biens de l'un et de l'autre et concourt avec l'héritier sien de l'une et l'autre hérédité, mais comme il doit en vertu de la règle exposée ci-dessus, apporter à chaque héritier sien la moitié de ses biens, il se trouve entièrement dépouillé.

Compliquant l'hypothèse, supposons un arrière petit-fils émancipé dont le père et l'aïeul soient également émancipés.

Le bisaïeul, l'aïeul et le père meurent ensemble et laissent chacun un héritier sien. L'arrière petit-fils émancipé qui prend part aux trois successions, doit apporter à chaque héritier sien la moitié de ses biens. Après avoir abandonné la totalité de ses biens à deux des héritiers siens, il prendra l'engagement de payer au troisième une somme égale à la valeur de la moitié de ses biens, ou lui laissera prélever cette somme sur sa part dans la succession.

Nous avons supposé jusqu'à présent que la *collatio* devait s'effectuer au profit de tous les héritiers siens indistinctement ; mais il est, nous le savons, des cas où elle ne profite qu'à quelqnes-uns d'er tre eux.

Lorsque l'émancipé à des fils qui sont restés sous la puissance de leur aïeul et sont devenus héritiers siens par la mort de ce dernier, son intervention au partage de la succession ne nuit qu'à ses enfants.

Il doit la *collatio*, à eux seuls et comme il les prive de la moitié de leur part, il leur apporte la moitié de ses biens.

De même, si le *de cujus* laisse un fils et un petit-fils en puissance, et un autre petit-fils émancipé, né du même père, celui-ci ne fera la *collatio* de la moitié de ses biens qu'à son frère.

Bien que dans les deux hypothèses le père ou le petit-fils émancipés partagent avec leur fils ou leur frère en puissance la part qui est échue à ceux-ci, ils ne sont pas admis à profiter de la *collatio* qui a pu être effectuée par d'autres émancipés.

Supposons que le défunt a laissé un fils en puissance deux petits-fils aussi en puissance issus d'un fils emancipé, et un autre fils émancipé.

Celui-ci apportera un tiers de ses biens à l'héritier sien, un autre aux petit-fils et conservera l'autre tiers. Les petits-fils bénéficieront seuls à l'exclusion de leur père, du tiers qui leur a été apporté. La *collatio* n'est pas due aux émancipés.

A ce propos, il importe de faire connaître les dispositions de la loi I, § 16, *de conjungendis*, qui sont contraires à ce principe.

Ulpien rapporte que Scœvola, prévoyant l'hypothèse où le *de cujus* a laissé un fils en puissance, un fils émancipé et deux petits-fils issus d'un autre fils prédécédé dont l'un est en puissance et l'autre émancipé, a décidé que le fils émancipé apporterait un tiers de ses biens à son frère, un autre à ses neveux, et garderait le dernier tiers : *istis unam collaturum*, dit le jurisconsulte, en parlant des petits-fils.

Il résulte de cette décision que le petit-fils émancipé doit profiter de la *collatio* effectuée par son oncle.

Cette solution est en opposition trop flagrante avec les principes fondamentaux de la matière pour être admise.

Le texte a été évidemment altéré; ce qui le prouve, d'abord, c'est la contradiction qui existe entre le commencement et la fin.

Dans la construction de l'hypothèse le jurisconsulte suppose que le père des deux petits-fils est prédécédé : *ex defuncto nepotes*, et dans la solution, il le suppose survivant, puisqu'il le fait concourir avec ses enfants, *concurrente patre*.

Cujas a proposé une correction du texte : après ces mots *ex defuncto* il ajoute : *alio emancipato* et substitue aux mots *habituri sint*, ces mots : *habituri fuissent*.

La contradiction disparaît, mais la décision subsiste.

Pothier beaucoup mieux inspiré, remplace le mot *istis* par *isti* et cette phrase : *quamvis himinus quam patruus ex hereditate avi concurrènte patre habituri sint* par celle-ci : *quamvis hic minus quam patruus ex hereditate avi concurrente fratre habiturus sit.*

Par suite de cette correction la décision est mise en harmonie avec les principes.

En principe l'héritier sien a droit à une fraction des biens de l'émancipé égale à celle que celui-ci lui enlève par son intervention. Si l'héritier sien est seul appelé à la succession, soit *ab intestat*, soit en vertu du testament du *de cujus*, l'émancipé lui prenant la moitié de cette succession, doit lui apporter la moitié de ses biens.

Supposons maintenant avec la loi 1, § 3, à notre titre, que le père ait institué son fils en puissance pour trois quarts et un étranger pour un quart, et qu'un autre fils émancipé, omis dans le testament, ait demandé la possession de biens *contra tabulas*. L'hérédité est partagée également entre les deux enfants. Mais quelle portion de ses biens l'émancipé devra-t-il apporter à son frère? Le texte répond à cette question : *pro quadrante tantum bona sua collaturum.* Ces mots *pro quadrante* signifient dans le sens littéral : en proportion du quart. L'émancipé enlève en effet un quart de l'hérédité à l'héritier sien qui a été institué pour trois quarts; mais ce quart dont l'héritier sien est dépouillé représente le tiers de la part pour laquelle il a été institué.

Il est donc lésé du tiers ; partant il reçoit une indemnité proportionnelle à cette fraction et il a droit à la *collatio* du tiers des biens de l'émancipé.

Le jurisconsulte appuie sa décision d'un argument tiré de l'édit de *conjungendis*.

Dans l'hypothèse réglée par cet édit, le frère émancipé apporte à ses enfants la moitié de ses biens, pour les dédommager du préjudice qu'il leur cause, en leur prenant la moitié de leur part héréditaire.

Nous avons déterminé la portion réelle des biens que l'émancipé doit apporter aux héritiers siens dans les différentes hypothèses qui peuvent se présenter.

Il nous reste à voir comment il réalisera la *collatio*.

D'abord à quelle époque doit-il effectuer la *collatio* ?

La loi 3, § 5, suppose que l'émancipé a donné caution d'apporter ses biens, avant d'avoir acquis la possession de biens. Dans ce cas, s'il est actionné par les héritiers siens, il pourra les repousser au moyen de l'exception *doli mali*. Il est même dispensé d'invoquer formellement cette exception qui se trouve en quelque sorte sous entendue. Cette faveur se justifie par les termes de l'édit, qui exigeait la *collatio arbitratu viri boni*.

L'obligation d'apporter qui a précédé l'obtention de la possession de biens est frappée de nullité, si dans la suite cette possession n'est pas demandée.

Mais dans quel ordre ces deux faits juridiques, l'apport et la possession de biens, doivent ils se présenter? La *collatio* est-elle la condition essentielle, le préliminaire obligé de l'obtention de la possession de biens ; ou peut-elle n'être effectuée qu'après cette obtention ?

Les textes qui s'occupent de cette question sont contradictoires.

Paul dans le livre 5, tit. 9, § 4, de ses sentencesexige que la *collatio* ait été effectuée, quand l'émancipé demande la possession de biens : *emancipati, antequam bonorum pos-*

sessionem petant, de conferendo cavere cum satisdatione debebunt. Julien dans la loi 3, *principium*, à notre titre, émet l'opinion contraire, en signalant les inconvénients qui résultaient de la doctrine enseignée par Paul. En présence de cette contrariété manifeste de décisions, on est légitimement autorisé à douter de la clarté des termes de l'édit. Quoiqu'il en soit, il est certain que l'opinion de Paul fut par la suite abandonnée et si le texte du paragraphe 9 de la loi 2 à notre titre qui est empruntée à ce jurisconsulte, n'a pas été corrigé par les compilateurs de Justinien, il l'aurait lui-même répudiée.

Ce texte suppose formellement la délivrance de la possession de biens avant l'exécution de la *collatio*. La pratique ne pouvait pas s'accommoder du système rigoureux de Paul ; dans ce système, si l'émancipé venait à mourir avant d'avoir pu faire la *collatio*, ou si l'héritier sien mourait avant cette époque, l'émancipé perdait ou ne pouvait transmettre à ses héritiers le bénéfice de la possession de biens.

La *collatio* peut donc être réalisée avant ou après la délivrance de la possession de biens.

Comment s'effectuait-elle ?

De trois manières : *cautione, re, remissione,* par la dation de fidéjusseurs, en nature ou en moins prenant.

1° *Cautione.*—L'émancipé contractait l'engagement d'apporter ses biens et fournissait des fidéjusseurs qui garantissaient l'exécution de cet engagement. Il pouvait au lieu de fidéjusseurs, donner un gage ou une hypothèque.

2° *Re* — L'apport a lieu *re*, lorsque l'émancipé partage ses biens avec les héritiers siens.

3ᶜ *Remissionne.* — Il a lieu *remissione*, lorsque dans le

partage de l'hérédité paternelle, l'émancipé laisse aux héritiers siens une portion de sa part héréditaire égale à la valeur des biens qu'il leur doit apporter.

La *collatio* ne peut avoir lieu *?e* que dans le cas où les héritiers siens sont suffisamment éclairés sur la consistance des biens sujets à *collatio*. Si des difficultés s'élèvent à l'égard de certains biens que des héritiers siens veulent faire comprendre dans la *collatio*, l'émancipé doit fournir caution pour ces biens.

Maintenant, supposons que l'émancipé n'exécute pas la *collatio*. Il faut déterminer la cause de cette inexécution et distingner avec les textes, s'il y a de sa part entêtement ou impossibilité, *per contumaciam* ou *per inopiam*.

S'il refuse par mauvais gré de donner caution, il n'obtiendra pas du Préteur les actions utiles, dont il a besoin, pour exercer des poursuites contre les détenteurs ou les débiteurs de l'hérédité.

De plus, lorsque les héritiers siens intenteront l'action *familiæ erciscundæ,* en vue de faire procéder au partage de la succession, l'émancipé ne sera pas admis à s'y présenter. Le juge de cette action, investi des pouvoirs étendus que comporte sa mission dans les actions de bonne foi, a le droit de l'exclure et d'adjuger la totalité des biens héréditaires aux héritiers siens. Les Jurisconsultes considéraient l'inaction de l'émancipé comme la preuve manifeste de son intention de répudier les avantages de la possession de biens, pour se soustraire à la charge de la *collatio*. Mais ils n'étaient pas d'accord sur le point de savoir si l'émancipé devait être admis à revenir sur sa renonciation et à recouvrer ses droits, en s'acquittant de l'obligation d'apporter. Certains Jurisconsultes ne le relevaient pas de la déchéance qu'il avait volontairement encourue. Mais la plupart se montraient moins rigoureux, en s'inspirant des principes d'équité et de bienveillance qui doivent présider au partage d'une hérédité entre des frères.

La demande de l'émancipé n'était facilement accueillie par le Préteur, que lorsqu'elle était formée dans le délai pendant lequel la possession des biens pouvait être sollicitée. A l'expiration de ce délai, le Préteur la repoussait presque toujours.

Lorsque l'émancipé refuse de parti pris de faire la *collatio,* il peut, sans injustice, être dépouillé du bénéfice de la possession de biens. Mais si son refus était légitimé par l'impossibilité de satisfaire à la *collatio,* il convenait de montrer à son égard plus de ménagements.

Dans ce cas, l'émancipé conserve la jouissance de la possession de biens, sans en avoir l'exercice.

Il n'a pas les actions utiles de l'émancipé.

Les héritiers siens sont autorisés par le Préteur à faire vendre aux enchères les choses susceptibles de se détériorer, à la charge de donner caution d'en représenter la valeur à la masse héréditaire.

Si cette situation se prolongeait trop longtemps au gré des héritiers intéressés à sortir de l'indécision, ils pourraient provoquer le partage. L'émancipé interviendra utilement à ce partage. Mais la part qui lui aura été assignée, devra être administrée par un curateur nommé à cet effet.

Le curateur devra rendre compte à l'émancipé et lui restituer ses biens, lorsque celui-ci aura satisfait à la *collatio.*

La loi 1, § 13, nous fournit une autre différence.

Si l'émancipé, qui devait apporter ses biens à deux héritiers siens, a fait la *collatio* du tiers au profit de l'un d'eux et refuse d'accomplir son obligation envers l'autre, dans quelles limites et jusqu'à concurrence de quelle quotité a-t-il droit aux actions utiles ?

S'il est de mauvaise foi, il n'obtiendra pas les actions utiles, même pour le tiers à l'égard duquel il a satisfait à la *collatio*. On considérait l'obligation de la *collatio* comme indivisible, d'après l'esprit de l'édit, et comme n'ayant pas rempli cette obligation celui qui ne l'avait exécutée qu'en partie.

Non cavit qui non omnibus cavit.

Si, au contraire, il est de bonne foi, il aura les actions utiles pour la moitié de sa part héréditaire ou pour un sixième.

Lorsque la *collatio* s'effectue *re* ou *remissione*, tout est définitivement réglé entre les parties.

Il n'en est pas de même dens l'hypothèse où la *collatio* a lieu *cautione*.

Sans doute, l'héritier sien est protégé, ses droits sont sauvegardés ; mais, en réalité, il n'y a pas de *collatio*.

Pour que la *collatio* devienne réelle, il faut que l'émancipé accomplisse son obligation.

Dans quel délai doit-il exécuter cette obligation ? Aucun délai n'avait été fixé ; mais on s'était appuyé sur les termes de l'édit, qui faisait de l'équité et de la bienveillance la règle des difficultés relatives à la *collatio*, pour lui accorder un délai raisonnable. Ce délai courait du jour de la mise en demeure que l'héritier sien adressait à l'émancipé.

A l'expiration de ce délai, la *stipulatio committitur* et l'héritier sien peut intenter l'*actio ex stipulatu*. Il obtient une condamnation égale à l'intérêt qu'il avait à l'exécution de la *collatio*.

MODIFICATIONS APPORTÉES A LA COLLATIO BONORUM PAR LES CONSTITUTIONS IMPÉRIALES.

Sous les Empereurs, le principe de la *collatio* demeure le même. La *collatio* continue d'être exclusivement accordée aux héritiers siens.

Cependant la constitution de Léon qui forme la loi 17 au Code *de collationibus* porte à ce principe une grave atteinte. Elle autorise les émancipés à profiter du rapport de la dot profectice et de la donation *antè nuptias* également profectice, effectuée par la fille émancipée.

Une idée nouvelle apparaît. L'Empereur a voulu rétablir l'égalité entre tous les enfants, conformément à l'intention présumée du père de famille. Il faudrait bien se garder de généraliser cette décision, on doit au contraire la restreindre au cas spécialement prévu.

La règle suivant laquelle la *collatio* n'a lieu en principe que dans la succession *ab intestat*, c'est-à-dire lorsque les émancipés viennent à la succession en leur seule qualité de descendants, est encore en vigueur sous l'empire du Code de Justinien. Les émancipés institués ne sont donc tenus à la *collatio*, que lorsque le *de cujus* les y a expressément obligés.

La novelle XVIII est venue modifier cette régle.

4

D'après cette novelle, la *collatio* est exigée dans la succession testamentaire comme dans la succession *ab intestat*, L'institué doit pour échapper à cette obligation en être formellement dispensé par le testateur.

Dans le droit antérieur, l'institution de l'émancipé était réputée contenir une dispense tacite d'apporter ; dans le droit nouveau, cette interprétation de la volonté du disposant n'est plus admise. Justinien consacre même la présomption contraire, en exigeant une déclaration expresse de dispense.

Nous devons indiquer au point de vue des personnes, qui ont droit à la *collatio*, deux innovations.

Les fils de famille qui avaient été émancipés, par Rescrit Impérial, suivant la forme établie par la constitution d'Anastase conservaient leur qnalitè d'héritiers siens. Ils étaient, il est vrai, soumis à la *collatio*, en vertu d'une constitution du même Empereur qui forme la loi 18 au code *de Collationibus*. Mais comme héritiers siens ils pouvaient profiter de la *collatio* effectuée par les autres émancipés.

Ce point ne nous paraît pas douteux. En principe, les fils de famille émancipés par Rescrit étaient considérés comme membres de la famille civile de leur père et à ce titre, ils jouissaient de tous les droits résultant de cette qualité. Il a fallu une disposition formelle pour les assujettir à la *collatio* et nous ne trouvons aucun texte qui les prive du bénéfice de la *collatio* faite par les émancipés, auquel ils ont droit comme héritiers siens.

Il résulte de la distinction que Justinien a établie entre les enfants donnés en adoption à un étranger et ceux donnés à un ascendant, que les premiers, continuant de faire partie de la famille de leur père, ne sont plus tenus à la *collatio* et ont au contraire le droit de l'exiger.

L'introduction d'un troisième pécule, le pécule *adventice*, est également venue modifier les règles relatives aux biens sujets à *collatio*.

Le pécule *adventice*, composé d'abord des biens que le fils avait recueillis dans la succession de sa mère, s'accrut successivement des biens qui lui provenaient de ses ascendants maternels par voie de donation ou de succession et des donations qui lui étaient faites par sont conjoint.

Dans le dernier état du droit Romain, le pécule *adventice* comprenait les choses que les enfants avaient acquises *ex aliâ re quam ex re patris*.

Les fils de famille ayant été autorisés par les Constitutions Impériales à prélever leur pécule *adventice*, à la mort du père de famille, les émancipés furent par réciprocité dispensés d'apporter leur pécule *adventice*.

Des doutes s'élevèrent à l'égard des nouveaux biens que Justinien avait ajoutés au pécule *adventice*, Justinien les trancha par la constitution 21, au Code *de Coll.* en dispensant formellement de la *collatio* tous les biens composant le pécule *adventice*.

Les fils de famille n'avaient que la nue-propriété de leur pécule *adventices;* l'usufruit en appartenant au père, tandis que les émancipés avaient la pleine propriété de leurs biens *adventice*, à la mort du père, ceux-ci ne pouvaient pas être obligés d'apporter l'usufruit de leur pécule *adventice*, puisque précisément à cette époque cessait l'usufruit que le père avait sur le pécule *adventiee* de ses fils en puissance. Il ne pouvait pas être question non plus des fruits consommés avant l'ouverture de l'hérédité, mais nous pensons que les fruits existant à cette époque devaient être apportés.

Il nous reste une dernière question à examiner. La *collatio bonorum* survécut-elle au nouveau système successoral de Justinien? Aucun doute n'est possible dans le cas où les émancipés, omis par le testament, obtiennent la possession de biens *contra Tabulas*. Ils sont tenus à la *collatio* en vertu des principes de l'ancien droit qui n'ont pas été modifiés.

Mais, lorsque le *de cujus* est mort intestat, les émancipés sont dispensés de recourir à la possession de biens *undè liberi* pour venir à la succession.

La novelle 118, qui établit le nouveau système de succession, appelle à l'hérédité les émancipés et les héritiers siens indistinctement. Les émancipés sont-ils obligés de faire la *collatio?*

Certains auteurs soutiennent qu'ils n'y sont pas obligés. Les émancipés sont appelés à la succession *jure civili*, sans le secours du droit prétorien, et la *collatio bonorum* est une charge exclusivement imposée aux successeurs prétoriens.

Ce point de vue, vrai dans le principe, a cessé de l'être sous Justinien.

D'abord, les Jurisconsultes supprimèrent la nécessité à laquelle l'héritier sien était soumis d'obtenir la possession de biens pour acquérir le droit d'exiger la *collatio*. En sens contraire, un Rescrit d'Antonin-le-Pieux exigea la *collatio dotis* de la fille de famille, qui s'est immiscée dans l'hérédité civile sans avoir demandé la possession de biens.

La loi 18, au Code *de Collationibus*, impose la *collatio* aux émancipés Anastasiens, qui cependant ont le titre et les droits d'héritiers siens.

Justinien n'a-t-il pas gravement modifié les règles primitives, en ordonnant que la *collatio* aurait lieu dans la succession testamentaire.

Il est donc vrai de dire que le droit civil s'était en quelque sorte approprié la *collatio bonorum*.

Comment admettre d'ailleurs que Justinien, qui a voulu effacer toutes les anciennes distinctions et établir l'égalité entre tous les enfants, ait autorisé les émancipés à conserver. les biens qui provenaient de leur père, alors qu'ils prendraient part au partage du pécule *pro fectice* appartenant à leurs frères en puissance? C'eût été faire subir une nouvelle inégalité aux fils de famille.

Concluons donc que les émancipés sont obligés de faire la *collatio*. Mais nous pensons qu'en leur qualité d'héritiers siens, ils ont le droit d'exiger la *collatio* des autres émancipés et d'en profiter.

CHAPITRE SECOND.

1re Section.

COLLATIO DOTIS, ou RAPPORT DE LA DOT.

Le rapport suppose nécessairement, pour son application, l'existence d'un patrimoine propre à celui qui est tenu de l'effectuer, et, nous le savons, c'est l'absence de cet élément essentiel qui rendit tout système de rapport impossible dans les successions déférées aux héritiers siens.

Ceux-ci étaient en effet incapables, d'après les principes primitifs, d'acquérir personnellement des biens. De nombreuses brèches furent successivement faites à ce principe.

Le premier pas vers la reconnaissance du droit de propriété des fils de famille fut fait à l'occasion de la dot de la fille de famille.

A l'origine, lorsque la femme tombait sous la puissance maritale, elle perdait à la fois et son titre d'épouse et son patrimoine ; *loco filiæ habetur*. Elle était considérée comme la fille de son mari, et, par suite, celui-ci devenait propriétaire de ses biens.

La *manus* tomba en désuétude ; la femme devint alors l'épouse de son mari.

Mais ses biens dotaux continuèrent d'être la propriété de son mari. *Dominus ex Jure Quiritum*, le mari pouvait les revendiquer contre les tiers détenteurs.

Malgré la persistance du droit de propriété du mari, les biens dotaux furent, à de nombreux points de vue, considérés et traités par les Jurisconsultes Romains comme appartenant à la femme.

Quamvis in bonis mariti dos sit, mulieris tamen est, dit la loi 75, *de Jure dotium*. Le droit reconnu à la femme sur sa dot ne repose pas seulement sur l'action en restitution qu'elle peut avoir à exercer à la dissolution du mariage, mais encore sur l'avantage évident qu'elle a à être dotée, et à conserver, pendant le mariage, sa dot qui est destinée à en acquitter les charges.

La fille de famille qui se marie est également propriétaire de la dot qui lui a été constituée par son père.

Les textes abondent en conséquences que les Jurisconsultes ont déduites de ce principe.

La loi 2, § 1, *de soluto matrimonio*, pose la règle en ces termes : *Quod si in patris potestate est, et dos ab eo profecta sit, ipsius et filiæ dos est.*

Il s'en suit que le père ne peut, à la dissolution du mariage arrivée par le prédécès du mari, répéter la dot, *quâ adjunctâ filiæ personâ* (même loi).

Si le père meurt après avoir intenté l'action *rei uxoriæ* avec le concours de sa fille, lorsque *lis contestata est*, la dot fait retour à la fille comme un patrimoine propre. L. 1, § 15, *de rei uxoriæ actione* au Code.

De même si le père meurt après la sentence du juge, l'action *judicati* appartient à la fille, à l'exclusion des autres héritiers.

Si le père vient à mourir avant d'avoir intenté l'action *rei uxoriæ*, cette action appartient à la fille *jure proprio*, *non jure hereditario*. Il en résulte que la fille n'est pas tenue d'imputer sa dot sur la *falcidie* ; L. 14 *principium sol. matr.*

Si la fille de famille dotée avait pu conserver sa dot et prendre part à l'hérédité paternelle, l'égalité eut été rompue entre les enfants.

C'est en vue de rétablir l'égalité entre les héritiers siens que le Préteur imposa à la fille l'obligation de rapporter la dot.

Nous pouvons maintenant employer l'expression *Rapport* qui traduit exactement le mot latin *collatio* appliqué à la dot. Nous savons que la plupart des règles qui gouvernent le rapport de la dot ont été empruntées à la *collatio bonorum*, il nous suffira donc de les rappeler brièvement.

1° Dans quels cas le rapport de la dot a-t-il lieu?

Le Préteur ne pouvait imposer aucune obligation à ceux qui n'invoquaient pas le secours du droit prétorien.

Il s'ensuit que la fille de famille ne devait rapporter sa dot, que lorsqu'elle avait demandé la possession de biens *undè liberi* ou *contra tabulas*. Il lui était donc facile de se soustraire à cette obligation, en s'abstenant de la possession de biens et en s'immisçant dans l'hérédité civile. Un Rescrit d'Antonin-le-Pieux, étendit l'obligation du rapport à la fille de famille qui s'était immiscée dans les biens paternels. C'était là une dérogation notable aux principes de la *collatio bonorum*.

La fille instituée n'était pas soumise au rapport. Cette règle souffrait deux exceptions.

La première est prévue dans la loi 3, de *collatione dotis*.

Ulpien suppose qu'une fille instituée a demandé la possession de biens *contra tabulas, commisso per alium edicto* et décide qu'elle devra rapporter sa dot, si elle obtient par la possession de biens une part plus forte que celle qui lui avait été assignée par le testament.

La fille instituée est encore tenue au rapport, lorsque le testateur lui en a imposé l'obligation.

L. 7, Au code de *collationibus*.

Si d'après le Rescrit d'Antonin, il suffit que la fille prenne part à l'hérédité, il faut encore que ce soit à titre d'héritière.

Si donc elle a été exhérédée, elle peut recueillir le legs ou le fidéicommis qui lui a été fait et conserver sa dot, L. 4, à notre titre, L. 10, au code de *Collationibus*.

Supposons que la fille répudie à la fois la possession de biens et l'hérédité : La question de savoir si la fille doit néanmoins rapporter sa dot était controversée entre les Jurisconsultes. La difficulté s'élevait seulement à l'égard de la dot profectice : Il fallait alors opter entre le droit du père à qui la dot devait revenir et celui de la fille qui en était censée propriétaire. Marc-Aurèle résolut la question en faveur de la fille, L. 9, à notre titre.

La loi 5, à notre titre, suppose qu'un père a institué héritiers son fils et sa fille en puissance et a omis un fils émancipé. L'émancipé se trompe et demande la possession de biens *uudè liberi* ; les héritiers siens, commettant la même erreur, sollicitent également la possession de biens *undè liberi*.

Le Jurisconsulte Papinien déclare que la fille ne sera pas soumise au rapport envers son frère en puissance. On ne tient pas compte de la possession de biens qui a été demandée, mais de celle qui aurait dû l'être. Or, si la possession de biens *contra tabulas* avait été demandée, la fille instituée pour la moitié n'aurait pas dû le rapport à son frère, puisqu'elle n'aurait pris dans l'hérédité qu'un tiers.

La constitution de Justinien, qui exige la *collatio* dans la succession testamentaire, comme dans la succession *ab intestat*, a modifié les principes que nous venons d'établir. Depuis la constitution, la fille instituée est assimilée à la fille héritière sienne *ab intestat*, au point de vue de l'obligation du rapport.

Le rapport de la dot a été spécialement établi à la charge de la fille de famille; quant à la dot constituée, à la fille émancipée, celle-ci l'apportait aux héritiers siens avec ses autres biens, suivant les règles de la *collatio bonorum*.

Nous pensons que, dans certains cas, la fille émancipée

devait rapporter sa dot, conformément aux prescriptions de la *collatio dotis*.

Lorsque les biens possédés par elle étaient d'une valeur inférieure au montant de la dot qu'elle avait reçue, elle eût été libérée par l'apport de tous les biens, en vertu de la *collatio bonorum*. Les héritiers siens auraient souffert de cette insuffisance.

Dans cette hypothèse, la fille était tenue en vertu de la *collatio dotis*, de rapporter le surplus de sa dot.

II. A QUI LA FILLE DOIT-ELLE LE RAPPORT DE SA DOT ?

Le rapport de la dot n'était dû qu'aux héritiers siens. Cette règle empruntée à la *collatio bonroum* résulte clairement du *principium* de la loi 5, à notre titre; elle était d'ailleurs la conséquence première de l'extension du principe de la *collatio bonorum* à l'institution de la *collatio dotis*. La *collatio dotis* reposait en effet, sur l'idée d'une réparation à offrir aux héritiers siens qui souffraient du concours de la fille.

Les héritiers siens lésés par l'intervention de la fille étaient donc seuls admis à profiter du rapport de la dot.

Si le défunt a lais é une petite-fille dotée et un petit-fils, issus d'un fils prédécédé et un autre fils en puissance, la petite-fille ne rapportera sa dot qu'à son frère, L. 1, § 2, à notre titre.

Si la petite-fille concourt avec son oncle et un petit-fils né d'un autre fils du *de cujus*, elle fera le rapport en faveur des deux, L. 1, § 3.

Supposons, avec la loi 1, § 4, deux petites filles nées de pè res différents, et dotées toutes deux, concourant avec un oncle : chacune d'elles rapportera sa dot à l'autre et à son oncle ; si elles sont sœurs, elles se feront réciproquement le rapport de leur dot.

Les héritiers siens n'avaient droit au rapport de la dot, que lorsqu'ils venaient à la succession au même titre que la fille dotée.

Si la fille a été exhérédée et qu'elle ait réussi dans la *querela inofficiosi testamenti*, qu'elle a intentée contre ses frères institués , elle ne leur devra pas le rapport. L. 7 de C. d.

Renversons l'hypothèse et admettons que la fille ait été instituée et que ses frères exhérédés aient exercé avec succès la *querela*, le rapport n'aura pas lieu non plus.

A l'origine il paraît certain que les émancipés étaient exclus du bénéfice du rapport de la dot.

Le point de savoir si cette exclusion serait maintenue ou si , au contraire , les émancipés seraient appelés à profiter du rapport de la dot, souleva de vives controverses entre les Jurisconsultes, ainsi que l'atteste la Constitution de l'Empereur Gordien , qui forme la loi 4, au Code *de collationibus*.

Nous ne trouvons pas trace du désaccord auquel cette question donna lieu, dans les textes du *Digeste*.

Quoi qu'il en soit, la Constitution tranche la question au moyen d'une distinction entre la dot *adventice* et la dot *profectice*. La fille doit rapporter sa dot *profectice* aux enfants émancipés comme aux héritiers siens , et sa dot *adventice* aux héritiers siens seulement.

On peut croire que l'Empereur n'a fait que consacrer l'opinion généralement reçue dans la doctrine.

L'idée d'indemnité tendait depuis longtemps à disparaître pour faire place à un nouveau principe, le principe d'égalité entre tous les enfants. Il était équitable , d'ailleurs , de faire participer les émancipés au bénéfice du rapport de la dot, effectuée par la fille de famille , puisque celle-ci profitait de la *collatio* faite par les émancipés.

La dot *profectice* , destinée à faire retour au père , à la dissolution du mariage par le prédécès de la fille , pouvait être , à juste titre , considérée comme un bien faisant partie du patrimoine paternel , et, par suite , devait être partagée également entre tous les enfants.

La dot *adventice*, au contraire, restait au mari ou faisait retour au tiers qui avait stipulé cette restitution ; mais jamais elle ne devait rentrer dans la masse héréditaire.

3º DANS QUELLES LIMITES LA FILLE DOIT ELLE RAPPORTER SA DOT ?

En principe , la fille doit rapporter la totalité de la dot qui lui a été constituée.

La loi 1, § 6, apporte une exception à cette règle. Si le divorce a eu lieu et que le mari soit insolvable , la fille ne sera tenue de rapporter que la portion de sa dot qu'elle aura pu recouvrer. Il y aurait, en effet, injustice à exiger le rapport intégral , lorsque la fille ne peut obtenir la restitution de sa dot , que dans la limite des facultés de son mari , *Quatenùs maritus facere potest* , par suite du bénéfice de compétence.

Justinien nous apprend que cette décision n'avait pas été observée et que bien des femmes avaient été obligées de rapporter l'intégralité de leur dot , nonobstant l'insolvabilité de leur mari. Aussi , a-t-il jugé convenable de faire une nouvelle Constitution sur ce point de droit.

Cette nouvelle Constitution forme le chapitre VI, de la Novelle 97.

L'Empereur consacre à nouveau le droit qu'il avait précédemment accordé à la femme par la loi 29 C. de *Jure dotium* , d'exiger la restitution de sa dot , lorsque le mari gérait mal et menaçait de devenir insolvable.

Ce principe posé, Justinien détermine l'étendue de l'obligation qui incombe à la fille de rapporter sa dot , au moyen d'une distinction.

La fille est-elle *sui juris* et majeure de vingt-cinq ans, elle doit rapporter le montant de sa dot, dans tous les cas. Elle n'a qu'à s'imputer à elle-même de n'avoir pas demandé la restitution, alors que les affaires de son mari commençaient à péricliter.

Est-elle majeure de vingt-cinq ans, mais *alieni juris* , sous la puissance de son père, elle ne peut pas agir de son propre mouvement, et sans avoir obtenu l'autorisation de son père. Si celui-ci lui refuse la permission d'exercer l'action *rei uxoriæ*, et ne veut pas l'intenter lui-même, sa fille sera libérée en rapportant à ses frères l'action qu'elle a contre son mari insolvable. Les risques de l'insolvabilité du mari seront supportés également par tous les enfants.

La *novelle* reconnaît cependant à la fille *alieni juris*, le droit d'agir en restitution de sa dot, sans l'autorisation de son père, lorsque la dot est d'une importance considérable.

Dans cette hypothèse, la fille est tenue au rapport intégral, quoiqu'il arrive.

Le § 5 de la loi 1, à notre titre, nous fournit une autre exception.

Lorsque le mari a fait des *impenses* nécessaires sur la dot, le montant de ces dépenses est déduit de la valeur de la dot et l'excédant, est seul rapporté. Cette décision résulte du principe formulé en ces termes par les Jurisconsultes : *Necessariæ impensæ dotem minuunt ipso jure.*

Ce principe était littéralement vrai, quand la dot consistait en argent ou en biens constitués avec estimation. Lorsque les biens dotaux n'avaient pas été estimés, le mari avait le droit de les retenir jusqu'à ce qu'il fut remboursé de ses impenses. S'il les restituait avant d'être remboursé, il pouvait, suivant l'opinion qui a prévalu, les répéter par la *conditio indebiti*. Loi 5, *de impensis in res dotales factis.*

Supposons que le mari ait fait des impenses utiles sur les biens dotaux, nous pensons que les héritiers siens ne pourront pas profiter de la plus-value que ces impenses ont donnée aux biens.

La fille ne sera tenue de leur rapporter que la valeur primitive des biens, abstraction faite de la plus-value.

Le mari peut, en effet, paralyser l'*actio rei uxoriæ* par la rétention de la dot, tant qu'il n'est pas indemnisé des impenses utiles, et s'il n'use pas de ce droit, il peut en réclamer le remboursement par l'action *mandati*, si la femme a consenti à ces impenses, et par l'action *negotiorum gestorum*, dans le cas contraire, L. 1, § 5 au Code *de rei uxoriæ actione.*

Si le mari a fait des dépenses voluptuaires sur les biens dotaux, il est autorisé à enlever les ouvrages, *sine læsione prioris speciei* (même loi).

Du temps des Jurisconsultes, la fille devait rapporter la dot adventice, comme la dot profectice.

Depuis la constitution d'Honorius et d'Arcadius, qui concéda aux héritiers siens le droit de prélever les biens qu'ils avaient pu recueillir dans la succession d'un ascendant maternel, ou qu'ils avaient reçus de cet ascendant, par donation, la fille fut dispensée de rapporter la dot adventice qui lui avait été constituée par un ascendant maternel.

Dans le silence des textes, nous pouvons appliquer au rapport de la dot les principes qui servaient à fixer la quotité de biens que l'émancipé devait apporter aux héritiers siens.

4° COMMENT LE RAPPORT DE LA DOT S'EXÉCUTE-T-IL.

L'exécution du rapport de la dot a lieu : *re, cautione et remissione.*

Il est possible que la dot promise par le père ne soit pas encore payée au moment où le rapport a lieu. Dans ce cas, il faut distinguer :

Si le père a promis une dot à sa fille et que celle-ci l'ait promise ensuite à son mari, la fille sera tenue de libérer ses frères de l'obligation qui leur incombe, en qualité d'héritiers de leur père, et elle demeurera obligée envers son mari.

Si le père a promis directement la dot au mari, la femme ne peut pas faire à ses frères la remise d'une créance qui ne lui appartient pas : mais elle doit faire le rapport en moins prenant, ou garantir ses frères des poursuites que son mari viendrait à exercer contre eux.

Lorsque la fille se refusait au rapport de sa dot, l'*arbiter familiæ erciscundæ* ne l'admettait pas au partage de l'hérédité et le Préteur ne lui accordait pas les actions héréditaires.

La loi 8 au Code prévoit le cas où la fille a trompé ses frères dans le partage de l'hérédité et elle autorise les frères à se pourvoir devant le Président de la province qui réglera à nouveau les droits des parties.

2me SECTION.

COLLATIO DONATIONIS PROPTER NUPTIAS.

Il n'est guère possible d'indiquer l'époque précise à laquelle s'introduisit l'usage de la donation *antè nuptias*.

La première mention en est faite dans une constitution des empereurs Théodose et Valentinien au code, L. 8, § 4, *de repudiis*.

La donation *antè nuptias* est une donation que le mari, ou un tiers au nom du mari, fait à la femme, en vue de soutenir les charges du mariage. La donation *antè nuptias* est considérée comme la dot du mari : les biens qui en font l'objet comptent dans son patrimoine comme la dot figure dans les biens propres à la femme.

Sous Justinien la donation *antè nuptias* change de nom et est appelée donation *propter nuptias*. Cette nouvelle dénomination tient à ce qu'elle n'est plus nécessairement faite avant le mariage, Justinien a permis d'augmenter et même de constituer cette donation pendant le mariage.

Il est à présumer que la donation *antè nuptias* fut dès son principe soumise au rapport et que la constitution de

Léon rendue en l'an 467 (L. 17 au Code *de Coll.*) qui l'y assujettit formellement, n'a fait que consacrer une règle préexistante.

Cette constitution n'exige le rapport que de la donation *profectice*, la donation *antè nuptias adventice* émanant d'un ascendant maternel était en effet dispensée du rapport à l'imitation de la dot constituée par les ascendants maternels.

3ᵉ SECTION.

COLLATIO SIMPLICIS DONATIONIS.

Les donations que le père faisait à son fils émancipé étaient aussi valables que celles qu'il pouvait faire en faveur d'étrangers.

L'émancipé apportait les biens donnés au même titre que ses autres biens.

Il n'en était pas de même des donations que le père faisait à son fils en puissance, ces donations étaient incontestablement nulles, du vivant du père donateur.

Mais ces donations se trouvaient-elles validées par sa mort? Cette question donna naissance à deux opinions contraires, également respectables par l'autorité des Jurisconsultes qui les soutenaient.

Julien, Servius et Papinien, contestaient la validité de ces donations, après la mort du père, et les déclaraient nulles ainsi que l'attestent les §§ 294, 295 et 296 des *fragmenta Vaticana* et les lois 1, § 1 *prodonato* et 2 § 2 *pro herede*.

Ces donations continuant ainsi à être frappées de nullité, nonobstant l'absence de révocation et même malgré la confirmation tacite résultant du silence gardé par le père, étaient

5

destituées de tout effet. Les choses données étaient considé-
rées et traitées comme appartenant au père décédé et con-
fondues avec ses autres biens.

Il faut reconnaître que cette opinion était vraiment conforme aux principes du droit.

La circonstance du décès du père donatenr, survenue sans
révocation, était indifférente aux yeux de quiconque s'atta-
chait à la règle qui ne permettait pas au père de faire des
donations à ses fils en puissance.

Papinien s'est écarté de cette opinion dans la loi 8 au titre
de *Collatione dotis.*

Un père a constitué une dot à sa fille en puissance et lui
a fait d'autres libéralités, puis l'a instituée héritière, sous la
condition qu'elle rapporterait sa dot et les donations qu'elle
avait reçues, conjointement avec ses frères.

La fille s'est abstenue de l'hérédité ; si les frères revendi-
quent les objets qui ont été donnés à leur sœur, celle-ci
pourra les repousser au moyen de *l'exceptio doli mali.*

La donation est bien nulle en principe, puisque les héritiers exercent une action en revendication, mais Papinien
accorde à la fille l'exception *doli mali,* pour assurer la volonté du testateur méconnue par ses héritiers institués.

Le Jurisconsulte Paul dans le tit. 11, § 3, Liv. V, de ses
sentences émet l'opinion contraire.

*Pater si filio familias aliquo donaverit et in eâ volun-
tate perseverans decesserit morte patris donatio convales-
cit.*

Cette opinion est consacrée par plusieurs Constitutions
Impériales. (F. Vatic. §§ 274, 277, 278, 281, 292, L. 18
c. *familiæ erciscundæ.*)

La loi 18 C. suppose qu'un père a acheté des biens au nom de sa fille et décide que ces biens devront lui être adjugés par préciput.

La pensée du père a été de donner ces biens achetés par préciput à sa fille, c'est cette intention que la Constitution s'est proposée de réaliser. Par suite de la nullité de la donation, prononcée par le droit Civil, ces biens seront compris dans la masse partageable, mais l'*arbiter familiæ erciscundæ* devra les adjuger avant part à la fille, conformément aux volontés paternelles.

On voit le détour employé pour sanctionner la disposition; il en résulte que la fille n'est devenue propriétaire des biens achetés en son nom, qu'en vertu de l'adjudication prononcée en sa faveur par *l'arbiter*.

Justinien a confirmé la doctrine enseignée par Paul, par la loi 25 c. *de dono inter virum et ux.*

Depuis cette constitution, non seulement les donations faites par le père à son fils en puissance sont confirmées par la mort et le silence du père; mais cette confirmation remonte, quant à ses effets, à l'époque de la donation, de sorte que les fils de famille donataires sont réputés avoir été propriétaires des choses à eux données du vivant de leur père.

Ces donations étaient-elles soumises au rapport?

L'affirmative résulte des règles que nous avons établies plus haut.

Tous les biens qui proviennent du **père** doivent **être** rapportés, s'ils n'ont pas été formellement dispensés du rapport. Les fils de famille sont tenus de cette obligation comme les fils émancipés.

Il eut été inique d'exiger des émancipés le rapport des donations qu'ils avaient reçues de leur père et d'autoriser les fils de famille à prélever les donations que leur père leur avait faites.

Justinien a maintenu l'obligation imposée aux émancipés de rapporter leurs biens profectices.

Les fils de famille sont donc, de leur côté, assujettis au rapport des biens que leur père leur a donnés : s'ils prétendent se soustraire à cette charge, qu'ils s'abtiennent de l'hérédité.

Jusqu'à présent, nous avons toujours supposé dans l'examen des règles des diverses *collationes*, le décès *du pater familias* et par suite l'ouverture de sa succession *ab intestat* ou testamentaire. Cet événement pouvait seul donner lieu à l'application des principes de la *collatio*.

C'était seulement à partir du décès du père de famille que la question de savoir si la *collatio* était due, s'élevait et c'était à sa succession seulement, que la *collatio* devait s'effectuer.

D'un autre côté, étaient seuls soumis à la *collatio*, les fils et les filles de famille, et les fils et les filles émancipés.

Ces deux règles ont été modifièes par des Constitutions Impériales du Bas-Empire.

Le Sénatus-Consulte Orphïtien avait appelé les enfants à recueillir la succession de leur mère, à l'exclusion des agnats.

Une Constitution des Empereurs Valentinien, Théodose, et Arcadius, promulguée en l'an 389, permit aux enfants de succéder à leur aïeul maternel. Les petits fils, ainsi appelés, n'étaient pas obligés de rapporter leurs biens, ni la dot qui avait été constituée à leur mère.

En 396, une Constitution des Empereurs Arcadius et Honorius qui forme la loi 5 au Code Théodosien *de leg. hæred.*
assujettit les petits enfants à rapporter la dot que leur mère
aurait été contrainte de rapporter, si elle était venue à la
succession.

Par malheur le texte de la constitution contenait ces
mots : *avunculis* et ne mentionnait pas les tantes maternelles.

Les petits enfants s'appuyant sur le silence de la constitution à l'égard des tantes maternelles (*materteræ*) refusaient
de leur faire le rapport, de leur côté, les tantes invoquaient
l'esprit de la constitution et réclamaient le bénéfice de ses
dispositions.

Ce débat était encore aggravé par les prétentions des
petits-fils qui se disaient en droit d'exiger par réciprocité, le
rapport de leurs oncles et de leurs tantes.

Les oncles et tantes combattaient leur prétention, en re-
tournant contre eux l'argument que ceux-ci invoquaient
contre leurs tantes.

Cette controverse durait encore sous Justinien, qui y mit
fin par la loi 19 au Code *de Coll.*

Le rapport pût dès lors être exigé par les *materteræ,* des
petits enfants et par les petits-fils, de leurs oncles et tantes.

L'Empereur Léon ordonna le rapport de la dot et de la
donation *antè nuptias profectice* dans la succession de la
mère et de l'aïeule, en imposant cette obligation à tous les
enfants et petits enfants, indistinctement.

Cette constitution souleva les mêmes difficultés que celle
des Empereurs Honorius et Arcadius. Les enfants qui succé-
daient à leur mère avec les enfants d'un frère ou d'une

sœur prédécédés, prétendaient exiger de ces derniers le rapport, mais les neveux et nièces s'y refusaient et soutenaient avoir droit au rapport de la dot ou de la donation *antè nuptias*, constituées en faveur de leurs oncles et tantes.

Justinien donne raison aux deux parties, en les soumettant réciproquement au rapport.

Il est à peine utile de faire remarquer que le mot *filio* qui se lit dans la loi 19, au Code, a été maladroitement ajouté par un copiste. Aucune difficulté ne pouvait s'élever dans la succession d'un aïeul paternel, sur les droits et les obligations respectifs des oncles et des neveux, au point de vue de la *collatio*.

La fin du texte prouve à l'évidence qu'il n'y est question que des petits-enfants succédant à leur aïeul maternel. Justinien termine en déclarant qu'après l'exécution des rapports, les petits-enfants ne prendront que les deux tiers de la part que leur mère aurait eue.

Justinien complète la Constitution de Léon qui ordonnait seulement le rapport de la dot et de la donation *antè nuptias profectice*.

Par la loi 20 au Code de *coll.* il obligea l'enfant qui avait reçu une donation ordinaire de son ascendant maternel, à en faire le rapport toutes les fois qu'il serait appelé à la succession, conjointement avec un co-héritier tenu de rapporter une dot ou une donation *antè nuptias*.

L'enfant donataire devait encore le rapport de la donation ordinaire, lorsque le donateur l'y avait expressément soumis.

Dans le *principium* de cette loi, Justinien pose en principe que les descendants sont obligés de rapporter à la succession de leur ascendant tous les biens qui doivent être imputés sur la légitime.

Certains auteurs ont conclu de la formule générale du texte , que tous ceux qui avaient droit à la légitime étaient par là même obligés au rapport. C'est une erreur.

Justinien ne s'est pas proposé de déterminer les personnes qui sont tenues de l'obligation du rapport , mais il a voulu indiquer les choses sujettes à rapport.

Sont sujettes à rapport, depuis cette constitution , la dot et la donation *antè nuptias* , la valeur des offices achetés avec l'argent du *de cujus* et les donations faites sous la condition expresse de leur imputation sur la légitime.

DEUXIEME PARTIE

DROIT FRANÇAIS.

DROIT ANCIEN.

Les provinces de droit écrit suivaient, en 1789, les principes de la Législation Romaine sur le rapport, dans son dernier état. Il n'est pas possible de préciser l'époque à laquelle le droit de Justinien commença d'être connu et observé dans ces provinces. On a conjecturé que le Code Théodosien y était resté en vigueur jusqu'à la renaissance des études juridiques au moyen-âge.

Quoiqu'il en soit de ce point historique , à l'époque de la Révolution Française , les règles que Justinien avait établies ou consacrées sur le rapport étaient généralement appliquées dans les pays de droit écrit. Elles n'avaient reçu que des modifications insignifiantes dans certains lieux.

La Législation de ces provinces était donc, au point de vue du rapport, empreinte d'uniformité.

La diversité la plus grande régnait , au contraire , dans les provinces coutumières. Nos anciens auteurs n'hésitent pas à le reconnaître ; il suffira de citer l'aveu de l'un des plus estimés, de Lebrun, qui s'exprime ainsi : « On n'au- » rait jamais fait, si l'on voulait rapporter toutes les dispo- » sitions des coutumes sur ce sujet. »

Nous pouvons diviser les coutumes en deux classes : les coutumes de non rapport et les coutumes de rapport.

Les coutumes de la première classe repoussaient absolu- ment le rapport ; cette exclusion était telle, que les dons faits expressément en avancement d'hoirie n'y étaient même pas assujettis. Ces coutumes étaient peu nombreuses ; c'étaient notamment les coutumes d'Artois, de Douai et de Valenciennes.

Les coutumes de rapport comprenaient presque l'univer- salité des coutumes.

Il paraît incontestable que l'idée du rapport a été em- pruntée au droit Romain, par les coutumes qui se sont appropriées le principe en le modifiant plus ou moins pro- fondément dans l'application. Nous n'en voulons d'autre preuve que la règle reçue dans toutes les coutumes suivant laquelle le rapport n'avait pour objet que les dons, confor- mément au droit Romain.

Les legs étaient régis par un autre principe que nous aurons à étudier, à savoir l'incompatibilité des qualités d'héritier et de légataire.

Comme dans le droit Romain antérieur à Justinien, le rapport ne pouvait avoir lieu, en droit coutumier, que dans les successions *ab-intestat*.

Nous distinguerons, avec les auteurs, trois classes prin- cipales de coutumes de rapport :

1° Les coutumes d'égalité parfaite ;

2° Les coutumes de préciput ;

3° Et les coutumes de simple égalité ou d'option.

1° — COUTUMES D'ÉGALITÉ PARFAITE.

Pothier dit à l'égard de ces coutumes : « Les coutumes
» d'égalité qui ne permettent pas à l'un des héritiers pré-
» somptifs de conserver l'avantage qui est fait, même en
» renonçant à la succession du défunt qui le lui a fait, sont
» celles qui paraissent le mieux avoir conservé l'esprit de
» notre ancien droit. »

L'égalité entre les enfants était l'un des principes de
notre vieux droit national.

Dans les coutumes d'égalité parfaite, le principe de l'égalité absolue entre les héritiers d'une personne trouvait sa
sanction dans l'obligation du rapport qui était imposée à
tous les successeurs *ab intestat*, sans distinction de ligne,
aux ascendants et aux collatéraux comme aux descendants.

L'obligation du rapport était absolue, sans exception. Le
donateur ne pouvait même pas dispenser le donataire du
rapport, et celui-ci n'avait pas la faculté de s'y soustraire,
en renonçant à la succession.

Bien plus, le successible était obligé de rapporter les
donations qui étaient faites à ses enfants ou à son conjoint.
Bien qu'il ne fut pas donataire en titre et en nom, il était
réputé et traité comme donataire réel.

Nous pouvons citer, à titre d'exemples de cette classe,
celles de Bretagne, de Touraine, du Maine, d'Anjou et de
Dunois.

Dans quelques-unes de ces coutumes, et notamment dans
celles de Touraine et d'Anjou, l'obligation du rapport
n'était imposée qu'aux roturiers. Les seigneurs et nobles en
étaient formellement dispensés.

2° — COUTUMES DE PRÉCIPUT.

Ces coutumes imposaient à tous les successeurs l'obligation de rapporter les donations qui leur avait été faites par le défunt. Mais elles reconnaissaient au disposant le droit de dispenser le donataire du rapport et de lui faire des libéralités par préciput. De son côté, le donataire s'en affranchissait en renonçant à la succession.

3° — COUTUMES D'ÉGALITÉ SIMPLE OU D'OPTION.

Les coutumes d'option étaient les plus nombreuses ; elles formaient, en 1789, le droit commun des provinces coutumières. Parmi ces coutumes, il faut citer celles de Paris et d'Orléans dont les dispositions, commentées par nos anciens auteurs, ont largement servi au législateur moderne.

Le trait distinctif de ces coutumes réside dans la faculté reconnue au donataire de s'exempter du rapport, en renonçant à la succession.

L'héritier donataire ne peut pas être dispensé du rapport par la volonté du donateur. L'égalité qui doit régner entre les descendants du *de cujus*, s'opposait à ce que l'un d'eux fut avantagé au préjudice des autres.

A raison de l'influence que les principes des coutumes de Paris et d'Orléans ont exercée sur un certain nombre de dispositions de notre Code, nous devons présenter un résumé succint de la législation de ces coutumes.

1° Par quelles personnes le rapport était-il dû ?

Le rapport était dû par les descendants. L'article 304 de la coutume de Paris disposait en ces termes :

« Les enfants venant à la succession de père ou de mère,
» doivent rapporter ce qui leur a été donné, pour, avec les
» autres biens de la succession, être mis en partage entre
» eux ou moins prendre.

Les collatéraux n'y étaient pas soumis. Pothier donne la
raison de cette faveur. « Les biens ne sont pas dus aux
» collatéraux comme anx enfants. » Bourjon exprime la
même idée quand il dit : « La compatibilité des qualités
» d'héritier et de donataire a lieu en collatérale, où l'égalité
» n'est pas si scrupuleusement suivie. »

Le point de savoir si l'obligation du rapport serait, dans
le silence de la coutume, étendue aux ascendants venant
à la succession de leurs descendants, fut tout d'abord
diversement résolu. Un arrêt du 24 novembre 1644 avait
prononcé, dans le sens de l'extension de cette obligation.
Mais l'opinion contraire, consacrée par une sentence du
Châtelet, du mois d'août 1668, prévalut. Elle était professée
par Pothier, Dumoulin, Lebrun et Ricard.

Le rapport n'avait donc lieu que dans la ligne directe des-
cendante, suivant le principe admis en droit Romain.

Le descendant n'était tenu au rapport que lorsqu'il venait
à la succession *ab intestat* de son ascendant. *Venant à la succession*, telles étaient les expressions dont se servait la coutume. Il pouvait conserver le don qui lui avait été fait en
renonçant à la succession. Jusqu'à concurrence de quelle
quotité pouvait-il retenir l'objet donné? Jusqu'à concurrence
de la portion disponible et de sa légitime (307 Cout Paris).

2° A quelle succession et à quelles personnes le rapport
était-il dû ?

Le rapport se faisait à la succession du donateur. Lorsqu'une donation était faite au fils du successible, il y avait

lieu à un double rapport; le successible rapportait l'objet donné à la succession de l'aïeul, son père et le petit-fils en faisait le rapport à la succession de son père. Dans cette hypothèse, il y avait deux donations, l'une de l'aïeul à son fils et l'autre de celui-ci au petit-fils. Le successible était, de par la coutume, présumé le donataire réel de la donation faite à son fils et il était censé faire à son fils la donation du rapport qu'il devait à la succession dn donateur.

Le rapport était dû aux descendants qui se portaient héritiers et n'était dû qu'à eux.

Les créanciers et les légataires du défunt n'étaient pas en droit d'exiger le rapport, ni d'en profiter quand il était effectué.

III. QUELS AVANTAGES ÉTAIENT-ILS SUJETS A RAPPORT!

L'article 303 portait que « père et mère ne peuvent par » donation entre-vifs et ordonnance de dernière volonté ou » autrement en manière quelconque, avantager leurs en- » fants venant à leur succession, l'un plus que l'autre. »

Pothier expliquant le sens de ces expressions *ou autrement en manière quelconque*, indique que la coutume exige le rapport des avantages tant directs qu'indirects ; par avantages indirects, il entend, ainsi que Lebrun et les autres auteurs tous les avantages, qui ne résultent pas d'un acte de donation entre-vifs.

Les libéralités déguisées sous la forme d'un contrat à titre onéreux et celles faites par interposition de personnes, constituent des libéralités indirectes sujettes au rapport.

Les donations faites aux enfants de l'héritier doivent être rapportées par ce dernier. A l'égard des donations faites au conjoint du successible, les auteurs étaient divisés.

Voici le système de Pothier.

Cet auteur n'admet pas l'interposition de personnes dans tous les cas ; il fait une première distinction fondée sur l'existence ou la non-existence d'enfants nés du mariage du successible.

S'il y a des enfants, la fille héritière de son père devra toujours rapporter à la succession la donation qu'il a faite à son mari ; elle n'échappera pas à cette charge en renonçant à la communauté qui existe entre elle et son mari. Dans cette hypothèse, elle ne profitera pas de la donation ; mais ses enfants en profiteront, et cette circonstance suffit pour qu'elle en doive le rapport.

S'il n'y a pas d'enfants, la donation ne doit être rapportée par la femme que dans le cas où elle en tire profit.

Si donc elle renonce à la communauté, ou si le bien donné doit demeurer propre au mari qui l'a reçu, il n'y aura pas lieu d'exiger d'elle le rapport.

Il peut arriver qu'au moment du décès du père donateur, la communauté dure encore. On est dans l'impossibilité de déterminer s'il y aura un jour profit pour la femme ou ses enfants ; on l'assujettit néanmoins à faire un rapport prévisionnel.

Lebrun et Bourjou exigent le rapport des donations faites au mari et à la femme conjointement, ou au mari seul sans explication, sans distinguer s'il y a expectative d'un intérêt quelconque de la femme ou de ses enfants à la donation.

Les auteurs n'étaient pas moins partagés sur une autre question, celle de savoir si les renonciations à un legs, à une communauté ou à une succession, faites en vue de faire une libéralité à un enfant, constituaient des avantages indirects susceptibles de rapport.

Pothier soutenait la négative, en invoquant ce principe qu'il n'y a pas appauvrissement du patrimoine, mais simplement défaut d'enrichissement de la part de l'auteur de l'une de ces renonciations.

Lebrun professait l'opinion contraire et exigeait le rapport de l'avantage recueilli par le successible. On a relevé la contradiction dans laquelle cet auteur est tombé à cet égard ; il enseigne, en effet, que les enfants du premier lit ne doivent pas le rapport de l'avantage qu'ils ont pu retirer de la renonciation que leur mère a faite de la communauté d'entre elle et son premier mari. Il distingue donc le profit résultant d'une renonciation à une succession ou à un legs, de celui que procure une renonciation à communauté.

Cependant les deux cas appellent et commandent une solution identique.

C'est principalement au point de vue de la détermination des avantages dispensés du rapport qu'il régnait la plus grande diversité entre les coutumes d'option et la plus grande variété d'opinions entre les commentateurs d'une même coutume.

Les dépenses faites pour la nourriture, l'entretien et l'éducation des enfants étaient dispensées du rapport. Si les dettes contractées par le père en vertu de l'une de ces causes n'étaient pas payées à l'époque de son décès, elles étaient à la charge de la succession : encore fallait-il de toute nécessité que les dépenses, de cette nature, eussent été réalisées du vivant du père ; les legs qu'il faisait en vue de pourvoir à la nourriture et à l'éducation de l'un de ses enfants, après son décès, ne jouissaient pas de la dispense de rapport.

Les frais d'éducation comprenaient non seulement les

frais d'études proprement dits, tels que le prix des pensions, les appointements des professeurs et le coût des livres, mais encore les frais faits pour l'obtention des grades et des diplômes.

Certains auteurs soumettaient au rapport les frais de doctorat et n'en dispensaient que les frais de licence; d'autres faisant une distinction entre les diverses sortes de diplôme de docteurs, exigeaient le rapport des frais de doctorat en médecine et en exemptaient les frais de doctorat en théologie et en droit.

Quelques-uns dispensaient du rapport tous les frais faits pour l'obtention du titre de docteur.

Les frais d'apprentissage étaient considérés comme frais d'éducation.

Etaient également affranchis du rapport, les dépenses faites pour l'équipage d'un enfant qu'on envoyait au service, ainsi que les frais de fiançailles, de nôces et de festins et les présents d'usage.

La même faveur n'avait pas été étendue au trousseau et aux habits nuptiaux, qui sont donnés en noces à l'enfant qui se marie.

« Les nourritures promises par un contrat de mariage ou » fournies sans promesse depuis le mariage, sont sujettes à » être rapportées, parce qu'elles font partie de l'établisse- » ment, *dit* Denizart. »

Cette opinion était repoussée par Pothier qui dispensait du rapport la pension alimentaire donnée à l'un des enfants, pour le temps qui en aurait couru du vivant du père.

Le rapport imposé aux enfants portait à la fois sur les dons et sur les prêts, qui leur avaient été faits par leurs ascendants.

4 COMMENT LE RAPPORT S'EFFECTUAIT-IL ?

Le rapport se faisait en nature ou en moins prenant. L'article 306 de la coutume de Paris portait que le donataire était tenu de rapporter les héritages à lui donnés en essence et espèces ou moins prendre.

Les immeubles étaient aux risques et périls de la succession, qui profitait des améliorations et supportait les détériorations fortuites.

Quant aux améliorations résultant des impenses faites par le donataire, celui-ci pouvait s'en faire indemniser. Il était même autorisé à faire un rapport en moins prenant, si ses cohéritiers se refusaient au remboursement des impenses. L'immeuble était estimé d'après sa valeur au temps du partage et le donataire rapportait cette estimation diminuée du montant des dépenses.

L'immeuble rapporté rentrait dans la succession exempt des charges dont le donateur l'avait grevé.

Le rapport des meubles avait toujours lieu en moins prenant, eu égard à leur valeur au temps de la donation.

Il faut maintenant exposer la règle que nous avons signalée plus haut, qui établit l'incompatibilité des qualités d'héritier et de légataire.

L'origine de ce principe est vraiment nationale, le fondement sur lequel il repose n'est autre que le vœu de l'égalité entre les héritiers du défunt. La coutume qui **règle la** dévolution des biens délaissés par le *de cujus*, et qui seule peut instituer des héritiers, ne permet pas aux successibles de prendre dans la succession plus qu'elle ne leur donne.

L'incompatibilité existait donc entre les qualités d'héritier et de légataire. Il s'en suivait que si le *de cujus* avait légué à l'un de ses successibles et l'objet dont il se proposait de l'avantager et la part héréditaire qui devait lui revenir, le légataire pouvait réclamer le bénéfice entier de la disposition. Dans cette hypothèse, le légataire ne tenait pas son droit de la coutume : il n'invoquait en sa faveur que les volontés du testateur.

L'incompatibilité emportait l'incapacité de succéder de la part de celui qui avait accepté le legs et l'incapacité de recevoir un legs de la part de celui qui acceptait la succession.

Cette incompatibilité était établie seulement en faveur des héritiers venant à une même masse de biens en vertu de la même coutume.

« Comme on distinguait dans la même succession autant
» de successions différentes qu'il y avait de natures de
» biens ou de coutumes diverses dans lesquelles ces biens
» étaient situés, la même personne prenait la qualité de
» donateur ou légataire dans certains biens ou dans cer-
» taines coutumes et la qualité d'héritier dans les autres, »
dit M. Treilhard dans son exposé des motifs du titre des successions.

Pothier explique nettement cette règle.

« L'héritier aux propres peut être légataire des acquêts;
» en effet, la coutume n'empêche quelqu'un d'être léga-
» taire que dans les biens dans lesquels il prend part en
» qualité d'héritier. C'est ce que signifie cette ancienne
» règle : *Aucun ne peut être aumosnier et parsonnier.*
» La coutume, en prononçant qu'aucun ne peut être léga-
» taire et héritier, ne veut autre chose qu'obliger les héri-

» tiers à rapporter, conférer, laisser en masse commune, les
» choses qui leur sont léguées. Elle suppose donc que les
» choses léguées font partie d'une masse à laquelle ils ont
» droit de prendre part en qualité d'héritiers : donc, celui
» qui n'a aucun droit d'y prendre part en sa qualité d'hé-
» ritier, qui n'en est point héritier, peut en être légataire,
» quoiqu'il soit héritier d'une autre espèce de biens. »

Le raisonnement de Pothier s'applique également au cas
où le successible succède comme héritier dans une coutume
et comme légataire dans une autre coutume.

Puisque la règle de l'incompatibilité des qualités d'héritier et de légataire est établie en faveur des héritiers seulement, les étrangers ne sauraient s'en prévaloir. Si un père
a institué un étranger son légataire universel à la charge de
remettre une somme d'argent à son fils, le légataire universel ne pourra pas opposer à ce fils l'incompatibilité de la
qualité d'héritier et de légataire qu'il cumule.

Cette règle avait elle-même subi des modifications et
restrictions qu'il nous faut indiquer.

Dans les coutumes d'égalité parfaite, la règle demeure
absolue. L'héritier ne peut pas, par la volonté du testateur, conserver le legs qui lui a été fait ; il est obligé de
laisser les objets légués dans la masse de la succession,
même en y renonçant.

Dans les coutumes de préciput, on peut conserver le legs
en renonçant à la succession. Quant au point de savoir si le
successible peut être dispensé du rapport de son legs, il y a
des variations.

Dans les coutumes d'option, le successible légataire peut
se soustraire au rapport en renonçant à la succession. Mais
il n'est pas permis au testateur de dispenser le légataire du
rapport de son legs.

2º. — DROIT INTERMÉDIAIRE.

La matière du rapport se lie trop étroitement à la constitution de la famille et à la détermination des droits et devoirs
réciproques des membres qui la composent, pour ne pas
avoir appelé l'attention des législateurs de la Révolution
Française.

L'Assemblée Constituante, qui avait proclamé le grand
principe de l'égalité politique, civile et sociale, en fit la
première application dans le domaine du droit privé de la
famille, par les décrets du 15 mars 1790 et du 15 avril 1791,
qui abolirent les priviléges et inégalités résultant de la pri-
mogéniture, de la masculinité et des exclusions coutumières.

La Convention, radicale en ses innovations, supprima,
par un décret du 7 mars 1793, la faculté de disposer de ses
biens, soit à cause de mort, soit entre-vifs, soit par donation contractuelle, en ligne directe, et ordonna l'égalité
rigoureuse des partages entre descendants.

Ce décret supprimait en même temps toute question de
rapport pour l'avenir, au moins dans la ligne directe,
puisque le rapport implique nécessairement l'exercice de la
faculté que le décret interdisait. Mais il laissait sous l'empire des anciennes règles, le rapport des donations faites antérieurement à sa date aux successibles de la ligne directe,
ainsi que des libéralités entre-vifs ou testamentaires qui
étaient ou qui pourraient être faites aux successibles collatéraux.

Le maintien de ces règles, qui étaient la plupart en contradiction avec les principes nouveaux, ne pouvait être que
temporaire.

Le décret du 5 brumaire an II les abrogea en partie, en leur substituant d'autres dispositions empreintes de l'esprit égalitaire.

L'article 8 de ce décret est ainsi conçu :

« Les enfants et descendants ne pourront prendre part
» aux successions de leurs pères, mères ou autres ascen-
» dants, sans rapporter les donations qui leur ont été faites
» par ceux-ci, antérieurement au 14 juillet 1789, sans pré-
» judice néanmoins de l'exécution des coutumes qui assu-
» jettissent les donations à rapport, même dans le cas où les
» donataires renoncent à la succession. »

Il ressort clairement de cet article que l'obligation de rapporter les donations antérieures au 14 juillet 1789 n'est imposée qu'aux descendants venant à la succession de leurs ascendants. Les successibles de la ligne collatérale restaient soumis, à l'égard de ces donations, aux dispositions de l'ancien droit.

L'article 9 ordonne le rapport des donations faites depuis le 14 juillet 1789, en termes absolus et sans distinction de ligne.

« Les successions des pères, mères ou autres ascendants
» et des parents collatéraux, ouvertes depuis le 14 juillet
» 1789, et qui s'ouvriront à l'avenir, seront également
» partagées entre les enfants, descendants ou héritiers en
» ligne collatérale, non obstant toutes les lois, coutumes,
» usages, donations, testaments et partages déjà faits. En
» conséquence, les enfants, descendants et héritiers en
» ligne collatérale ne pourront, même en renonçant à ces
» successions, se dispenser de rapporter ce qu'ils auront
» reçu à titre gratuit, par l'effet des donations que leur
» auront faites leurs ascendants ou leurs parents collaté-
» raux, postérieurement au 14 juillet 1789. »

L'art. 11 défend de disposer à titre gratuit en faveur des successibles.

Le décret du 17 nivôse an II consacre à nouveau les dispositions que nous venons de rapporter.

Il étendit même aux collatéraux l'obligation de rapporter les donations qui leur avaient été faites antérieurement au 14 juillet 1789, nonobstant toutes dispenses et renonciations à succession..

Il ne faudrait pas s'étonner du silence absolu que les deux décrets gardent sur les legs et les dispositions à cause de mort. L'art. 1 du décret de nivôse nous en fournit l'explication :

« Toutes dispositions à cause de mort dont l'auteur est
» encore vivant, ou n'est décédé que le 15 juillet 1789 ou
» depuis, sont nulles, quand même elles auraient été faites
» antérieurement. »

A partir du décret de nivôse, la question de rapport ne peut plus s'élever pour l'avenir.

L'égalité et la concorde des familles sont des avantages précieux, et toute œuvre législative, accomplie en vue de les réaliser, mérite le plus grand respect. Il faut cependant reconnaître que la convention manqua le but, en le dépassant.

En enlevant aux citoyens le droit de disposer à titre gratuit en faveur des successibles, elle privait la puissance paternelle de sa sanction la plus efficace, en même temps qu'elle réduisait, ceux qui avaient été entourés des soins les plus empressés d'un parent dévoué, à l'impuissance de lui marquer leur reconnaissance par quelque libéralité.

La rétroactivité édictée par les articles que nous avons

reproduits, causa un trouble profond dans la société, par suite de l'atteinte qu'elle portait aux droits les plus légitimes.

La convention rendit deux décrets pour l'interprétation de celui de nivôse et l'on peut juger par le nombre et la gravité des questions qui lui étaient posées et auxquelles elle répondit, de l'extrême complication des difficultés que l'application du décret de nivôse avait soulevées.

L'étendue du mal appelait un remède énergique.

La Convention décréta d'abord, le 5 floréal de l'an III, la suspension de toute action intentée ou procédure commencée, à l'occasion de l'effet rétroactif.

La loi du 18 pluviôse an V reconnut la validité des donations faites aux successibles antérieurement aux décrets du 7 mars 1793 et du 5 brumaire an II, et décida qu'elles produiraient tous leurs effets, conformément aux lois anciennes.

La prohibition d'avantager l'un des successibles subsistait toujours, elle fut supprimée par la loi du 4 germinal an VIII.

Cette loi augmenta la quotité disponible et permit au disposant de la donner à ses successibles.

Il s'est élevé sur l'interprétation de cette loi une question assez grave qui a été diversement résolue. Pour la faire bien comprendre, il faut citer les termes de l'article cinq :

» Les libéralités autorisées par la présente loi pourront être faites au profit des enfants ou autres successibles du disposant, *sans qu'ils soient sujets à rapport.* »

Cet article renfermait-il une dispense légale de rapport ? Certains auteurs l'ont soutenu ; suivant ce système, les libéralités dont les successibles ont été gratifiés, sont dispensées du rapport, de plein droit, et sans le secours d'une clause expresse de préciput. Telle n'est pas, ce nous semble, la pensée du législateur.

L'objet de la loi est de déterminer, suivant la qualité et le nombre des héritiers, la quotité des biens dont une personne peut disposer à titre gratuit.

L'article cinq permet de disposer da cette quotité en faveur des successibles.

La loi de germinal renferme deux innovations : d'une part elle reconnaît le droit de faire des libéralités à des successibles et d'autre part, elle concède la faculté de leur faire des libéralités dispensées du rapport, c'est-à-dire préciputaires, dans les limites de la quotité disponible.

Ces mots : *sans qu'ils soient sujets à rapport,* n'ont pas d'autre sens.

Mais la loi ne dit pas dans quels cas la libéralité sera dispensée du rapport. A défaut d'une déclaration formelle du disposant, il faudra consulter les règles qui étaient en vigueur dans les diverses provinces.

On a objecté que les coutumes et lois antérieures avaient été abrogées par le décret de nivôse.

On pourrait peut-être répondre que l'abrogation partielle du décret de nivôse a fait revivre les coutumes qu'il avait abrogées.

D'ailleurs, les tribunaux doivent, dans le silence de la loi, interroger les précédents et les usages et s'appuyer sur ces données pour rendre leur décision.

Supposons que l'auteur d'une donation faites sous l'empire de la loi de germinal soit décédé depuis la promulgation du Code Napoléon; faut-il appliquer à cette donation les règles anciennes ou les principes du Code sur le rapport?

Pour généraliser la question, le rapport des donations et des legs doit-il être réglé par la loi existant au moment de la donation ou du testament ou par la loi en vigueur à l'époque de l'ouverture de la succession du disposant?

Nul doute ne s'élève à l'égard des dispositions testamentaires dont tous les effets sont régis par la loi du décès du testateur. Le testament ne confère aucun droit au légataire, du vivant du testateur ; il ne lui donne qu'une simple espérance qu'un changement de volonté peut détruire.

Ce n'est qu'au décès du testateur que cette espérance se réalise et se transforme en un véritable droit.

Il s'ensuit que les charges et les modalités dont le droit du légataire peut être affecté, doivent résulter de la loi régnant au moment de l'ouverture de ce droit.

Tout autre est le caractère de la donation. Elle est un contrat synallagmatique qui engendre des droits et des obligations et produit des effets immédiats et définitifs. Il semble qu'à raison de cette opposition de nature entre la donation et le testament, le rapport des donations doit être réglé par la loi du contrat.

Cette solution est contestée par des auteurs considérables qui raisonnent ainsi :

Le législateur dispose souverainement des successions ; il peut, à son gré, modifier et intervertir les divers ordres d'héritiers, exclure ceux qui étaient appelés et appeler ceux qui étaient exclus. Il peut, *à fortiori*, subordonner la vocation qu'il confère à telle condition qu'il lui plaît d'imposer, notamment à celle de rapporter les biens donnés par le défunt.

Cette charge ne porte pas atteinte au droit que le donataire a acquis dès l'instant de la donation, puisque le donataire à la faculté de conserver la chose donnée au prix de sa renonciation à la succession du donateur.

Pour mieux faire sentir la faiblesse du raisonnement que nous venons de reproduire, il faut prévoir et examiner les différentes faces sous lesquelles la question peut se présenter.

Premier cas. — La libéralité a été dispensée du rapport par une clause expresse du contrat et la loi qui doit régler la succession du donateur ordonne le rapport des donations, nonobstant toute dispense de rapport.

Le donataire a acquis dès l'instant du contrat la propriété de la chose donnée, et de plus, le droit de la retenir, dans le cas où la loi l'appellerait à la succession de son bienfaiteur. L'astreindre au rapport, c'est le dépouiller d'une partie de la donation dont il a été gratifié ; c'est lui enlever un droit, celui d'être exempt du rapport.

La loi peut incontestablement lui retirer la vocation de successible pour l'attribuer à un autre ; mais elle ne peut, sans être rétroactive, faire dépendre cette vocation de l'abandon d'un droit acquis.

A défaut d'une disposition formelle de rétroactivité, la loi nouvelle ne doit pas être appliquée et l'on doit suivre la loi de la donation.

Second cas.—La libéralité a été faite sous l'empire d'une loi qui l'exemptait du rapport, et la loi du décès du donateur exige une clause de préciput.

L'acte est muet sur la question du rapport de l'objet donné ; mais si l'expression matérielle de la volonté des parties fait défaut, n'est-il pas évident que le disposant s'en est reposé sur la loi existant au moment de la donation. Son intention, quoique tacite, est aussi claire que dans le premier cas.

La solution doit donc être la même.

Troisième cas. — La libéralité non dispensée du rapport a été faite sous l'empire d'une loi qui ne traitait pas du rapport, et la loi du décès exige le rapport.

De deux choses l'une : ou le donataire était successible du donateur à l'époque de la succession, ou il ne l'était pas.

S'il était déjà successible, il est impossible d'interpréter la libéralité qui lui a été faite autrement que comme une libéralité préciputaire.

En effet, puisqu'il n'était pas question de rapport dans la loi, le disposant n'eut pas manqué d'imposer formellement cette obligation au donateur, s'il avait eu l'intention de l'y soumettre. Il ne l'a pas fait, parce qu'il voulait lui faire un avantage.

Le donataire n'était pas successible :

Le donateur a voulu faire une libéralité définitive et irrévocable ; il ne pouvait pas songer à ne faire qu'un avancement d'hoirie, puisque le donataire n'était pas son héritier présomptif.

Ce qui prouve que telle n'était pas, d'ailleurs, sa pensée, c'est la circonstance qu'il n'a pas obligé le donataire à rapporter le bien donné, dans le cas où il viendrait à sa succession.

Dans les deux hypothèses, le donataire a donc acquis la chose qui lui était donnée et le droit de la conserver, même en venant à la succession du donateur.

Il ne peut pas être privé de ce droit.

Dans les trois cas, nous avons appliqué la loi de la donation.

Le rapport des donations est donc toujours régi par la loi existant au moment du contrat.

1° DROIT NOUVEAU.

La loi de germinal, an VIII, resta en vigueur jusqu'à la promulgation du Code Napoléon.

A l'époque où la matière du rapport fut discutée et réglementée par les rédacteurs du Code, la législation présentait à cet égard la plus grande diversité de principes.

La loi de germinal avait rétabli la faculté de faire aux successibles des libéralités dispensées du rapport, sans régler le mode de dispense.

Pour suppléer au silence de la loi, force était de recourir aux règles des pays de droit écrit et des coutumes.

Le besoin d'une réforme se faisait donc particulièrement sentir : les rédacteurs du Code la réalisèrent par les dispositions contenues dans la section 2 du chapitre VI des successions.

Mais, avant de traiter du rapport des donations et des legs, ils durent d'abord se poser et résoudre la question de savoir s'il serait permis de disposer à titre gratuit en faveur des enfants et autres successibles. Si, à l'exemple de la convention, les rédacteurs s'étaient prononcés pour l'interdiction de cette faculté, la possibilité du rapport eut été par là même supprimée.

Le législateur reconnut tacitement le droit de disposer à titre gratuit au profit des successibles, en édictant dans les articles de la section du rapport, des règles qui impliquent l'exercice de ce droit.

Il paraît, d'ailleurs, résulter de l'exposé des motifs de la loi relative aux donations entre-vifs et testaments que la question de principe que nous venons d'indiquer, ne fut pas nettement dégagée des questions secondaires, très importantes, qui en découlent.

La discussion semble avoir porté exclusivement sur le point de savoir s'il serait ou non licite de disposer au profit des successibles avec dispense de rapport, c'est à dire de les avantager jusqu'à concurrence de la quotité disponible.

Il est vrai que le droit de tester en faveur d'un successible n'a d'existence réelle que dans une législation qui permet au légataire de prélever la chose léguée.

Mais il n'en est pas de même à l'égard des libéralités entre-vifs : du moment qu'on autorise le disposant à donner à l'un de ses successibles, quelque parti que l'on prenne sur le rapport de l'objet donné, la donation aura toujours produit des effets civils, en procurant au donataire la jouissance de l'objet donné, pendant la vie du donateur.

Deux systèmes rationels se présentaient aux réflexions du législateur, pour la réglementation de la matière du rapport.

L'un, qui repose sur le seul vœu de la loi, et n'a nul souci de la volonté du disposant, consiste à imposer à tout héritier, donataire ou légataire du *de cujus*, l'obligation du rapport, sans avoir égard à une clause expresse de dispense, et même à sa renonciation à la succession.

Ce système était celui des coutumes dites d'égalité parfaite.

L'autre, qui s'inspire uniquement de l'intention du disposant, pose aussi en principe l'obligation du rapport, mais n'y soumet que ceux qui n'en ont pas été dispensés par le *de cujus*.

La dispense de rapport ne doit pas être formellement exprimée ; il faut et il suffit que l'intention du disposant, à cet égard, soit évidente.

La renonciation à la succession n'exempte pas plus du rapport dans ce système que dans le précédent. Le fait du donataire ne saurait avoir l'effet de détruire la volonté du *de cujus*, qui seule est consultée.

Le législateur avait à prendre parti pour l'une ou l'autre théorie, et son choix une fois fait, à tirer toutes les conséquences juridiques du système qu'il aurait consacré.

Par malheur, les rédacteurs du Code, trop préoccupés des souvenirs de l'ancien droit, n'eurent pas la hardiesse d'adopter franchement l'une ou l'autre thèse, et dans un esprit de conciliation, qu'on a juste motif de regretter, ils imaginèrent un système mixte.

L'examen des articles du Code justifiera ce reproche.

L'art. 843 pose le principe de la matière en ces termes :

« Tout héritier, même bénéficiaire, venant à une succes-
» sion, doit rapporter à ses co-héritiers tout ce qu'il a reçu
» du défunt, par donation entre-vifs, directement ou indi-
» rectement ; il ne peut retenir les dons ni réclamer les
» legs à lui faits par le défunt, à moins que les dons et
» legs ne lui aient été faits expressément par préciput et
» hors part ou avec dispense de rapport. »

L'art. 845 complète le principe :

« L'héritier qui renonce à la succession peut, cependant,
» retenir le don entre-vifs ou réclamer le legs à lui fait,
» jusqu'à concurrence de la portion disponible. »

La doctrine consacrée par ces articles peut se résumer en cette proposition : tout héritier est soumis à l'obligation de rapporter à la succession du *de cujus* les donations et les legs qu'il en a reçus, s'il n'en a pas été expressément dispensé où s'il ne renonce pas à la succession.

Le Code repousse ouvertement le premier système qui fait de l'obligation du rapport une obligation absolue et sans exception. Il admet deux exceptions : la dispense formelle de rapport et la renonciation à la succession.

Il repousse également le second système qui impose le rapport et en dispense, suivant la volonté irrécusable du *de cujus*.

D'abord, le légataire et le donataire sont autorisés à se soustraire à la charge du rapport, au moyen d'une renonciation à la succession.

Ce substerfuge légal est la négation même du principe de ce second système; si le disposant n'a pas manifesté son intention de les dispenser du rapport, c'est qu'il entrait dans ses vues de les y soumettre, et dans sa pensée, de leur faire seulement un avancement d'hoirie.

C'est dénaturer ses intentions que de laisser au successible renonçant, le bénéfice de la liberalité dont il a été gratifié.

L'obligation de rapporter les dispositions testamentaires qui ne sont pas accompagnées d'une clause de préciput, contrarie plus directement encore la volonté du testateur.

Qu'à-t-il voulu en léguant à l'un de ses successibles? Une seule interprétation est admissible ; son dessein a été de lui faire un avantage et de lui léguer des biens à prendre par préciput dans la succession.

La nature même de la disposition, qui n'a de sens et d'effet que si elle est considérée comme une libéralité préciputaire, révèle clairement la pensée dn *de cujus*.

Enfin, le Code assujettit au rapport le donataire qui n'était pas héritier présomptif du donateur à l'époque de la donation et qui ne l'est devenu que postérieurement.

D'après le second système le donataire serait dans ce cas dispensé du rapport.

Il n'apparaît pas que le donateur ait porté sa pensée sur la possibilité où le donataire était d'être appelé un jour à la succession. Il n'a donc pas songé à lui imposer l'obligation du rapport.

Nous avons démontré qne les rédacteurs du Code n'ont admis ni l'un ni l'autre des deux systèmes rationnels de rapport ci-dessus indiqués. Il nous reste à démêler le système auquel ils se sont arrêtés.

Ils ont tenté la conciliation des deux principes ; l'égalité des partages et la présomption de volonté du disposant.

Cette transaction ne s'est malheureusement accomplie que par le sacrifice de l'un de ces principes.

Il était conforme à la volonté présumée du donateur aussi bien qu'au vœu d'égalité, de considérer la libéralité entre-vifs dont le successible avait été gratifié, comme une avance sur la succession et de l'astreindre au rapport, à l'époque du décès du donateur.

Mais, en revanche, c'était fouler aux pieds l'intention du *de cujus*, que d'assujettir le légataire au rapport de son legs, s'il n'en avait pas été formellement dispensé.

L'exigence d'une clause de préciput ne peut guère s'expliquer que par l'influence que les coutumes de Paris et d'Orléans, qui formaient le droit commun des pays de contume, ont exercée sur l'esprit des rédacteurs.

Ils fondaient un droit nouveau, parfaitement contraire à à celui de ces coutumes, en permettant de disposer de la quotité disponible par donation ou legs, au profit des successibles. Au lieu de faciliter l'exercice de cette faculté, ils la contrariaient dans l'application, en prescrivant des formules que la nature de la disposition ou la qualité des bénéficiaires rendait inutiles.

Si jamais la matière subit une révision législative, ces concessions du passé disparaîtront.

Le rapport peut être défini sans le Code : La réunion réelle ou fictive à la masse héréditaire des objets donnés ou légués par le défunt à l'un de ses successibles.

Le mot rapport n'est vraiment exact qu'appliqué aux libéralités entre-vifs ; il exprime l'idée d'un double dessaisissement de la chose qui a été emportée du patrimoine et qui y est ensuite rapportée.

Ce terme a été appliqué par extension aux dispositions testamentaires. Déjà, dans l'ancien droit, il avait reçu cette acception générale, et il comprenait à la fois les dons et les legs.

La communauté de noms n'a pas pu faire disparaître les différences qui tenaient à la nature des choses. Nous verrons, dans le développement de la matière, les dissemblances qui existent entre le rapport des dons et le rapport des legs.

Nous diviserons cette étude en quatre parties :

Nous expliquerons :

1° Dans la première partie, dans quels cas et par qui le rapport est dû ;

7

2° dans la seconde, à quelle succession il se fait et à qui il est dû ;

3° dans la troisième, quelles choses sont susceptibles de rapport ;

4° et dans la quatrième, comment il s'opère.

PREMIERE PARTIE.

DANS QUELS CAS ET PAR QUI LE RAPPORT EST-IL DU ?

Pour qu'il y ait lieu au rapport, quelles conditions sont absolument nécessaires ? Il faut :

1° Que le donataire ou le légataire d'une personne décédée vienne à la succession.

2° Que la libéralité qui lui a été faite soit sujette au rapport.

3° Qu'elle n'en ait pas été formellement dispensée par le *de cujus*.

4° Et que d'autres personnes aient le droit d'en exiger le rapport.

Nous examinerons dans cette partie la première condition.

Tout héritier doit rapporter, dit l'article 843.

Le mot héritier est employé ici dans son acception vraiment juridique ; il désigne ceux que la loi seule appelle à la succession *ab intestat* du *de cujus*.

Ceux qui prennent part à la succession en vertu d'une donation ou d'un testament sont appelés par la loi donataires ou légataires.

Le sens restreint du mot héritier résulte clairement de l'esprit de notre Code en matière de rapport, et de la place qu'occupe la section du rapport, au titre des successions *ab intestat*.

Il faut en conclure qu'il y a lieu au rapport seulement dans la succession *ab intestat*, et que les donataires et les légataires universels et à titre universel ne sont pas soumis à cette obligation envers les héritiers légitimes, ni les uns envers les autres.

En revanche, nul héritier n'échappe à l'obligation du rapport; les ascendants et les collatéraux y sont assujettis comme les descendants.

Le Code a abrogé à cet égard les distinctions que certaines coutumes avaient établies entre les différentes lignes, en posant une règle générale.

L'art. 843 énonce que l'héritier bénéficiaire est également obligé au rapport. Cette indication particulière n'était pas indispensable.

Le bénéfice d'inventaire assure à l'héritier qui l'invoque deux avantages : il restreint son obligation d'acquitter les dettes et charges de la succession à la valeur des biens héréditaires, et il empêche la confusion de son patrimoine avec celui du défunt.

L'héritier bénéficiaire est donc protégé par la loi contre les créanciers et les légataires; mais il conserve sa qualité d'héritier qu'il a irrévocablement acquise par son acceptation de la succession. A ce titre, il est tenu des obligations qui incombent à un héritier vis-à-vis de ses cohéritiers. Il ne peut pas se prévaloir du bénéfice d'inventaire qui n'a pas pour objet d'améliorer la situation de l'héritier dans ses rapports avec ses cohéritiers.

En présence de cette obligation qui continue de peser sur l'héritier bénéficiaire, on a peine à comprendre la décision de l'art. 782 qui, supposant que les héritiers d'un successible décédé sans avoir pris parti sur la succession à laquelle il était appelé, ne peuvent s'entendre sur l'acceptation ou la répudiation de cette succession, leur impose l'acceptation bénéficiaire.

Puisqu'il faut se porter héritier pour être soumis au rapport, il s'ensuit logiquement que le successible qui renonce à la succession s'en trouve exempté et a le droit de conserver ou de réclamer la libéralité qui lui a été faite.

Ce résultat, consacré par l'article 845, contrarie ouvertement, dans certains cas, l'intention évidente du disposant.

Lorsqu'une donation est faite par un successible, la loi présume que le donateur a voulu conférer au donataire un avancement d'hoirie, et lui procurer la jouissance anticipée des biens qui font l'objet de la donation, sous la condition de les réunir à son décès à la masse de ses biens. Nous pouvons même supposer que la donation a été faite expressément à titre d'avancement d'hoirie.

Dans les deux cas, la volonté tacite ou formelle du disposant manquera son effet par suite du fait personnel du successible, qui a renoncé à la succession.

Faisons une hypothèse :

Un père meurt, laissant deux enfants et une fortune de 40,000 fr. Il a donné à sa fille, en avancement d'hoirie, une dot de 40,000 fr., et légué, par préciput, à son fils, une somme de 20,000 fr.

Si la loi ne permettait pas de se soustraire à l'obligation du rapport par une renonciation à la succession, les dispo-

sitions du père de famille seraient de tout point exécutées :
le fils légataire prélèverait 20,000 fr. et partagerait avec sa
sœur le surplus de la succession de 60,000 fr., par suite
du rapport que celle-ci aurait effectué.

D'après ce réglement, la fille n'obtiendrait que 30,000 fr.
et le fils prendrait 50,000 fr.

Mais comme la fille peut se dispenser du rapport en
renonçant à la succession, elle la répudie. Elle a grand intérêt à renoncer puisqu'alors elle est autorisée par l'art. 845
à retenir la dot qui lui a été constituée jusqu'à concurrence
de la quotité disponible.

Or, la quotité disponible est dans l'espèce de la moitié de
de sa succession. Nous adoptons l'opinion des auteurs qui
estiment que les enfants renonçants ne doivent pas être
comptés pour la détermination de la réserve.

La fille dotée conservera donc l'intégralité de sa dot, soit
40,000 fr. et son frère ne prendra que 40,000 fr.

Il dépend de la fille d'annihiler, en quelque sorte, le droit
que son père a prétendu se réserver, de disposer de sa
quotité disponible, en faisant tomber toutes les libéralités
postérieures à la sienne par sa renonciation à la succession.
Ce résultat est regrettable ; il accuse avec d'autant plus
d'énergie l'œuvre des rédacteurs qu'il peut être le fruit d'un
concert frauduleusement organisé entre l'héritier renonçant
et ses héritiers.

Certains auteurs ont imaginé un système qui, s'il pouvait
être admis, serait de nature à prévenir ces fâcheuses
conséquences.

Marcadé soutient que les libéralités faites aux successibles à titre exprès ou tacite d'avancements d'hoirie, créent

une sorte d'ouverture anticipée de la succession du disposant en ce qui concerne les biens qui font l'objet de ces
libéralités, en sorte que les successibles possèdent ces biens
et en jouissent moins en qualité de donataires, qu'en celle
d'héritiers.

L'avantage qui leur est concédé consiste seulement dans
cette pré-succession qui a lieu en leur faveur, et dans les
profits qu'ils en retirent jusqu'au décès du donateur.

A cette époque, ils ont la faculté d'intervertir le titre en
vertu duquel ils possédaient les biens donnés et d'échanger
en renonçant à la succession, leur qualité d'héritiers contre
celle de donataires.

Dès lors, la donation ne prend date et ne produit d'effets
qu'à partir du jour de la renonciation, et comme d'après
l'art. 923, la réduction des libéralités qui excèdent la quotité disponible a lieu par ordre de dates, elle portera d'abord,
si le cas échet, sur la donation faite au successible renonçant. De la sorte, le donateur aura conservé intact le droit
de disposer de sa quotité disponible, et les dispositions qu'il
aura faites seront maintenues et exécutées.

Cette doctrine heurte de front les principes qui gouvernent les donations.

Il faudrait d'abord la concilier avec la rétroactivité attachée
à la renonciation à la succession. L'héritier qui renonce est
censé n'avoir jamais été héritier (785).

Le successible donataire a donc cessé de posséder les
les biens donnés à titre de pré-successeur, non pas du jour
de sa renonciation, mais bien dès l'instant de l'ouverture
de sa succession. Mais même, avec ce tempérament, le
système de Marcadé est inadmissible.

Le Code, abrogeant les donations à cause de mort, ne reconnaît que deux modes de disposer de ses biens à titre gratuit : la donation entre-vifs et le testament.

Le caractère essentiel de la donation entre-vifs est, d'après l'article 894 qui définit ce contrat, le dépouillement actuel et irrévocable de la part du donateur de la chose donnée, en faveur du donataire.

L'irrévocabilité a pour but et pour effet de protéger le le donataire contre les caprices de volonté du donateur.

Il n'y a pas à distinguer entre la donation faite à un étranger et celle faite par un père à l'un de ses enfants. Les donations faites au profit de l'un des successibles, généralement qualifiées d'avancements d'hoirie , constituent de véritables donations entre-vifs et sont , comme telles , soumises à toutes les règles des donations ordinaires.

Lorsque les donations sont faites à charge expresse de rapport ou même sans dispense de rapport , elles sont affectées d'une condition résolutoire dont l'événement consiste dans l'acceptation par le donataire de la succession du donateur. L'auteur de la libéralité donne et le bénéficiaire acquiert , à titre de donataire, l'objet donné , sous la condition que la donation sera résolue et l'objet donné réuni à la masse des biens héréditaires , si le donataire vient à la succession du donateur.

Si la condition ne s'accomplit pas par suite de la renonciation à la succession , le successible renonçant conserve le bien donné au même titre , c'est-à-dire à titre de donataire. Il ne devient pas donataire dès le jour de sa renonciation ; il continue de l'être en vertu d'un titre qui remonte à la date du contrat.

La renonciation a pour effet de consolider à jamais la donation, en effaçant la cause de résolution qui y était attachée. Le disposant a dû prévoir ce résultat ; il n'a qu'à s'imputer à lui-même l'ignorance de la loi sous l'empire de laquelle il contractait.

Il s'est lié les mains en remettant au caprice de son successible donataire le sort des libéralités qu'il pourrait faire dans l'avenir.

C'est sa faute si ces libéralités postérieures ne reçoivent pas leur exécution, par suite de l'épuisement de la quotité disponible par la donation que le successible a reçue.

Il est d'ailleurs permis au disposant de stipuler dans l'acte que la donation sera caduque si le donataire renonce à sa succession ou ne s'imputera que sur ce qui restera du disponible après l'acquittement des libéralités qu'il pourrait faire par la suite.

L'article 845 porte que l'héritier renonçant peut retenir le don ou réclamer le legs à lui fait jusqu'à concurrence de la quotité disponible.

Une grave question naît relativement à l'étendue du droit accordé à l'héritier renonçant.

N'a-t-il droit qu'à la quotité disponible ordinaire ? Ne peut-il pas réclamer ou retenir, outre cette quotité, sa part dans la réserve ?

L'examen de cette grave question qui a soulevé de si vives controverses, pré-suppose la solution affirmative d'une autre question qui ne lui cède nullement pour l'importance : celle de savoir si l'héritier renonçant doit être compté pour le calcul de sa réserve.

Les rédacteurs du Code ont, dans les articles 913 et 915, déterminé la quotité disponible.

L'article 913 dont il importe de rapporter les termes, puisqu'ils doivent servir d'argument dans la discussion, est ainsi conçu :

« Les libéralités, soit par actes entre-vifs, soit par testa-
» ment, ne pourront excéder la moitié des biens du dispo-
» sant, s'il ne laisse à son décès qu'un enfant légitime ; le
» tiers, s'il laisse deux enfants ; le quart, s'il en laisse trois
» ou un plus grand nombre. »

Il est évident que si l'enfant qui renonce ne doit pas être compris parmi les enfants, au sens où l'article 913 entend ce mot, et n'entre pas en ligne de compte pour la fixation de la réserve, il ne saurait avoir la prétention de réclamer par voie d'action ou de retention sa part de réserve.

La réserve constituerait alors le privilége exclusif des enfants acceptants en considération desquels elle aurait été déterminée, sans égard à la présence de l'enfant renonçant.

Si l'on repousse toute distinction entre les enfants acceptants et les enfants renonçants pour les admettre également en ligne de compte, il faut alors déterminer le sort et la destination de la part de la réserve afférente à l'enfant renonçant.

Le point de savoir si l'enfant renonçant fait nombre dans le calcul de la réserve a donné naissance à trois systèmes.

Premies système. — L'enfant renonçant doit toujours être compté.

Les partisans de ce système qui prévaut dans la Jurisprudence s'appuient d'abord sur le texte de la loi.

L'article 913 fixe indirectement la réserve d'après le nombre des enfants existants au décès du père ; c'est donc à cette époque qu'il faut considérer la composition de la famille du *de cujus*. La réserve ainsi déterminée d'après l'état de la famille, est irrévocablement fixée et ne peut plus varier. La renonciation de l'un des enfants est un fait postérieur qui ne saurait exercer aucune influence.

Ce raisonnement pèche par la base; il suppose ce qu'il faudrait démontrer, en attribuant aux mots : *laisser des enfants*, un sens contraire à l'acception qu'ils reçoivent dans le langage juridique.

Les rédacteurs entendent par cette locution désigner les enfants qui acceptent et se portent héritiers. Ces expressions n'ont pas d'autre sens dans les articles 746, 748, 749, 757, 758 et 767, au titre des successions et dans l'article 352, au titre de l'adoption.

Le second argument est tiré de l'ancien droit. Dans les pays coutumiers, le droit de disposer à titre gratuit fut restreint par deux institutions qui différaient profondément d'origine, de caractère et d'effets : la réserve et la légitime.

La réserve n'affectait que le droit de tester ; son étendue variait suivant les coutumes : dans la coutume de Paris, la réserve comprenait les quatre cinquièmes des propres.

Il faut remarquer que la réserve n'était pas directement établie par une disposition spéciale; elle résultait de la limitation que la coutume apportait à la faculté de tester.

La réserve constituait donc la portion de la succession *ab intestat* que la coutume déclarait indisponible et assurait aux héritiers. Il fallait par conséquent se porter héritier pour y avoir droit.

La coutume, ne prenant en considération ni la qualité ni le nombre des héritiers, n'attribuait pas la réserve aux successibles d'une certaine classe en conférant à chacun d'eux un droit égal ; mais elle l'attribuait à tous les héritiers collectivement.

La renonciation de l'un des succesibles ne modifiait donc pas la réserve et la part qu'il aurait pu y prendre était recueillie par ses co-héritiers *juré non decrescendi.*

La légitime que les coutumes empruntèrent au droit Romain, pour suppléer à l'insuffisance de la réserve, portait une atteinte plus grave au droit de disposer à titre gratuit.

C'était une quote-part des biens assignée individuellement à chacun des enfants. L'importance de cette part avait été diversement réglée.

La coutume de Paris avait, dans l'art. 298, fixé la légitime à la moitié de la part que chaque enfant eut recueillie dans la succession de son père, si celui-ci n'eut fait ni donation, ni legs. Pour réclamer la légitime coutumière il fallait être héritier, suivant la règle formulée par Dumoulin : *apud nos non habet legitimam, nisi qui hæres est.* La nécessité de l'acceptation de la succession n'existait pas dans les pays de droit écrit qui suivaient fidèlement les principes du droit Romain, la seule qualité d'enfant suffisait et donnait droit à la légitime. Cette règle répugnait à l'esprit du droit coutumier.

A la différence de la réserve la légitime, n'était attribuée qu'aux descendants.

Elle portait sur tous les biens du *de cujus*, indistinctement, sans acception de propres, conquêts ou meubles et même sur les biens donnés qui devaient être rapportés pour le calcul.

L'enfant renonçant ne pouvait pas demander sa part de légitime ; il était même considéré et traité comme un étranger et la légitime de ses frères était calculée, comme s'il n'eut pas existé.

Or, disent les auteurs du système que nous combattons, le Code a consacré les principes de la réserve coutumière.

En effet, il ne détermine pas la réserve ; il fixe la quotité disponible, c'est-à-dire la fraction des biens qu'une personne à le droit de distraire de sa succession, au moyen de donations ou de legs ; le surplus de la succession dont le Code ne s'occupe pas, constitue la portion indisponible ou réservée, donc pour prétendre droit à la portion réservée, il ne suffit pas d'être réservataire, il faut encore se porter héritier. Cette conséquence qui découle du procédé adopté par les rédacteurs et emprunté par eux à la coutume de Paris, est confirmée par nombre d'articles où les réservataires sont à juste titre qualifiés d'héritiers à réserve.

La réserve est donc, sous le Code, une masse de biens à laquelle tous les héritiers d'une certaine classe sont appelés collectivement.

Dès lors, la renonciation de l'un des successibles n'empêche pas qu'il soit compté pour le calcul de la réserve, cette renonciation profite exclusivement aux réservataires qui recueillent sa part, *jure non decrescendi.*

Nous accordons que le caractère successif de la réserve a été emprunté à la législation de la réserve coutumière ; mais nous savons reconnaître en même temps les emprunts que les rédacteurs ont faits à l'institution de la légitime.

Dans notre droit actuel, la réserve n'appartient qu'aux ascendants et aux descendants ; elle s'exerce sur tous les biens indistinctement et varie suivant le nombre et la qua-

lité des parents. La réserve coutumière demeurait invariable, quels que fussent le nombre et le degré des héritiers.
On conçoit dès lors aisément que la renonciation d'un successible n'ait jamais eu d'influence sur la quotité.

La légitime coutumière, au contraire, dépendait du
nombre des enfants acceptants ; plus ils étaient nombreux,
moins forte était la légitime de chacun d'eux. On ne tenait
pas compte, dans le calcul, des enfants renonçants ; on n'a-
vait égard qu'aux enfants acceptants.

Les auteurs faisaient cependant une distinction que nous
examinerons à propos du second système.

L'argument tiré de l'ancien droit coutumier n'a donc
aucune force ; il peut même être retourné en faveur du
système contraire.

On a encore invoqué la considération suivante :

La réserve légale doit être invariablement fixée par l'état
de la famille au décès de l'ascendant, et ne doit pas dépendre
d'événements ultérieurs qu'il n'a pas été permis à l'ascendant de prévoir et de prendre en considération.

Nous ne voyons pas ce qu'a d'impossible la prévision de
de la renonciation de l'un des successibles ; le disposant
pouvait parfaitement, en vue de ces événements, modifier
ses dispositions.

Est-il d'ailleurs un seul instant où l'ascendant puisse
avoir la certitude que ses libéralités seront intégralement
exécutées et que la quotité disponible sur laquelle il a réglé
sa générosité ou sa reconnaissance ne sera pas augmentée
ou diminuée.

DEUXIÈME SYSTÈME. — L'enfant renonçant doit être compté

pour le calcul de la réserve quand il renonce *aliquo accepto*, et il ne doit pas l'être lorsqu'il renonce *nullo accepto*.

Cette distinction a été puisée dans la législation de la légitime coutumière. L'héritier qui renonçait pour conserver un avancement d'hoirie était censé recueillir sa part de la succession. Lebrun nous apprend que la renonciation *accepto aliquo* était considérée, dans beaucoup de cas, comme une acceptation. Cette théorie n'est pas admissible.

Ou la renonciation est faite au profit de l'un ou de tous les cohéritiers, moyennant un prix que ceux-ci doivent payer au renonçant ; alors elle n'est autre qu'une véritable acceptation, dont elle produit tous les effets.

Ou elle est faite purement et simplement, par acte au greffe. Dans ce cas, elle est une répudiation réelle de l'hérédité, et le renonçant devient absolument étranger à la succession.

La renonciation proprement dite est une, et produit des effets identiques. Il importe peu que le renonçant en ait retiré l'avantage de conserver les dons et les legs dont il avait été gratifié.

Il les conserve en sa qualité de donataire ou de légataire, sans recueillir aucune part de la succession ; il a seulement évité de perdre les libéralités qui lui avaient été faites.

TROISIÈME SYSTÈME. — L'enfant renonçant ne doit jamais être compté pour le calcul de la réserve.

La réserve est, nous l'avons établi, la succession *ab intestat* d'une personne décédée : donc, pour y prendre part, il faut être héritier.

Mais la réserve n'est pas fixe, invariable ; elle dépend du nombre des enfants qui se portent héritiers. Les enfants qui renoncent, étant exclus de toute participation à la réserve, ne doivent pas, par là même, entrer en ligne de compte pour la supputation de sa quotité.

Tel est le système rationnel que le Code a conservé.

L'art. 913 prévoit, pour la détermination de la qualité disponible, trois hypothèses :

1° Il suppose d'abord que le *de cujus* ne laisse qu'un enfant, et fixe â la moitié des biens la quotité dont il a pu disposer. La réserve est donc égale à la moitié de la succession.

Dans cette hypothèse, le Code suppose nécessairement l'acceptation de la succession de la part de l'enfant. En effet, si le fils unique renonce, il ne peut pas être question de réserve.

Le droit à la réserve implique, comme tout autre droit, l'existence d'une personne qui puisse le revendiquer et l'exercer ; faute de réservataires, il n'y a pas de réserve.

L'enfant est donc supposé acceptant.

La quotité disponible est alors égale à la part d'enfant.

2° Si le *de cujus* laisse deux enfants.

La quotité disponible est du tiers, et la réserve des deux tiers : l'égalité entre la quotité disponible et la part de chaque enfant se maintient. Ce qui prouve que par ce mot *enfants*, le Code entend toujours les enfants acceptants. D'ailleurs, le même terme ne peut pas changer de sens dans la même phrase.

3° Si le *de cujus* laisse trois enfants, la réserve est des trois quarts, et la quotité disponible du quart.

La quotité disponible est encore égale à une part d'enfant acceptant.

L'article 914 confirme ce système ; il porte que les descendants ne sont *comptés* que pour l'enfant qu'ils *reprè-
sentent* dans la succession du disposant.

L'article 922 dispose que la quotité disponible se détermine eu égard à la qualité des *héritiers* que le *de cujus* a
laissés. Il n'est pas possible d'exprimer en termes plus nets
ce principe : les réservataires acceptants sont seuls comptés pour la détermination de la réserve.

Puisque dans notre opinion, le renonçant n'est jamais
compté, la question de savoir quel sera le sort de la part
qu'il eût prise, s'il eût accepté, ne peut pas s'élever. Nous
ne pouvons pas cependant nous dispenser de traiter cet
important point de droit. Certains auteurs ont cru en trouver la solution spéciale dans plusieurs articles du Code.

L'enfant donataire, sans dispense de rapport, qui renonce à la succession, peut-il retenir, outre la quotité disponible, sa part de réserve.

Trois systèmes ont été émis.

PREMIER SYSTÈME. — L'enfant qui renonce ne peut retenir le don ou le legs qui lui a été fait que jusqu'à concurrence de la quotité disponible.

Cette opinion que nous adoptons, se soutient à l'aide des
articles du Code.

De deux choses l'une : ou le donataire est un successible,
ou il est un étranger.

S'il est un étranger, il a droit à la quotité disponible ; la
réserve que le défunt n'a pu entamer, demeure aux héritiers

S'il est successible, il faut distinguer si la chose donnée ou
léguée dont la valeur égale la quotité disponible, lui a été
donnée ou léguée avec ou sans dispense de rapport.

S'il y a eu une dispense de rapport, le successible conservera la libéralité qui lui a été faite et prendra de plus sa part de réserve, en sa qualité d'héritier réservataire.

Mais s'il n'a pas été dispensé du rapport et qu'il renonce à la succession, il n'aura droit qu'au don ou au legs qui lui a été fait et dont l'importance égale la quotité disponible.

Le Code a prévu toutes les hypothèses qui pouvaient se présenter. L'enfant donataire ne peut cumuler sa part de réserve et la quotité disponible que dans le seul cas où dispensé du rapport, il accepte la succession. Il réunit alors les deux titres qui donnent droit à l'une et à l'autre :

1° Celui de donataire préciputaire qui lui procure la quotité disponible.
2° Et celui d'héritier qui lui vaut sa part de réserve.

Renonce-t-il, il perd l'une de ces qualités et les avantaqui en découlent ; il n'a plus droit à la réserve et ne peut conserver que la quotité disponible.

DEUXIÈME SYSTÈME. — L'enfant donataire ou légataire sans dispense de rapport qui renonce, ne peut retenir le don ou le legs qui lui a été fait que jusqu'à concurrence de la quotité disponible, mais il doit l'imputer d'abord sur sa réserve et subsidiairement sur la quotité disponible.

Ce système est connu sous le nom de système de l'imputation.

L'avancement d'hoirie, disent ses partisans, est une remise anticipée de la part que l'enfant est appelé à recueillir dans la succession de son père.

Le père, en disposant de la sorte, n'a pas abdiqué le droit de disposer comme bon lui semblerait de sa quotité disponible. Il serait donc conforme à la volonté du disposant de n'autoriser l'enfant qui renonce à ne conserver que le montant de sa part de réserve. Mais l'article 845 lui permet formellement de retenir le don jusqu'à concurrence de la quotité disponible ; il faut dès lors concilier cet article avec les intentions du père de famille.

Partant l'enfant renonçant ne pourra conserver la donation que jusqu'à concurrence de la quotité disponible ; mais la libéralité devra s'imputer d'abord sur sa part de réserve et subsidiairement sur la quotité disponible.

1° Ce système méconnaît gravement le caractère de la donation entre-vifs, dite avancement d'hoirie.

Nous ne voulons pas revenir sur une démonstration que nous avons précédemment faite ; qu'il nous suffise de rappeler que le don et le legs faits aux successibles sans dispense de rapport constituent des dons et legs faits proprement dits, affectés seulement de cette condition résolutoire, si le successible vient à la succession.

Si la condition vient à défaillir, faute d'acceptation de la succession, les successibles sont traités comme des donataires ou légataires étrangers.

2° Il viole les articles 845, 923 et 926 du Code. Supposons que le *de cujus* laisse 4 enfants et 30,000 fr. de biens ; il a donné à un étranger 10,000 fr. et à l'un de ses enfants 10,000 fr., à titre d'avancement d'hoirie.

Le fils donataire renonce et conserve les 10,000 fr.

Que devient, d'après ce réglement, la disposition de l'art. 845 qui règle le droit de rétention du donataire renonçant suivant la quotité disponible du *de cujus*. Le disposant avait presque épuisé sa quotité disponible par la donation faite à l'étranger. Il ne restait du disponible que 2,500 fr. et cependant le successible est autorisé à garder les 10,000 francs qui lui ont été donnés.

Admettons qu'entre ces deux donations le *de cujus* ait fait une donation de 5,000 fr. à un étranger : à son décès, les héritiers à réserve intenteront l'action en réduction. D'après l'article 923, la réduction atteint les donations suivant le rang que leurs dates respectives leur assignent, en commençant par les dernières.

Dans le système que nous combattons, la réduction portera d'abord sur la donation de 5,000 fr., faite à l'étranger, bien qu'elle soit antérieure à la donation faite au successible.

La même antinomie se présentera si au lieu de donations, nous supposons des legs.

3° Cette doctrine aboutit à des contradictions évidentes. Le mode d'imputation sur la réserve n'est applicable qu'à la donation faite sans dispense de rapport au profit d'un successible qui renonce. Les auteurs ne l'étendent pas au cas où l'enfant qui renonce était donataire par préciput.

Celui-ci n'avait droit qu'à la quotité disponible ordinaire ; partant la libéralité qui lui a été faite tombe ou se restreint, suivant que cette quotité a été épuisée ou entamée.

Le droit de rétention du donataire renonçant est donc plus ou moius étendu, suivant qu'il a été ou non dispensé du rapport.

Cependant les articles 844 et 845 qui prévoient l'une et l'autre hypothèse ne permettent au successible de réclamer ou retenir le don ou legs à lui fait que *jusqu'à concurrence de la quotité disponible*.

Les divergences auxquelles cette opinion a donné lieu, accusent encore sa fausseté.

Que devient la portion de la quotité disponible réservée par le mode d'imputation sur la réserve, lorsqu'elle était comprise dans la donation faite à l'un des enfants ?

Certains auteurs l'attribuent aux réservataires renonçants; d'autres, aux légataires et donataires.

TROISIÈME SYSTÈME. — L'enfant renonçant peut retenir le don à lui fait, jusqu'à concurrence de sa part de réserve et de la quotité disponible cumulées.

Les partisans de cette doctrine reconnaissent généralement, que l'enfant renonçant n'aurait pas le droit de réclamer sa réserve par voie d'action.

Mais ils l'autorisent à la conserver, par voie de rétention ou d'exception.

Cette distinction n'est pas nouvelle; elle avait été établie par la coutume de Paris dont l'art. 307 portait : néanmoins, où celui auquel on aurait donné se voudrait tenir à son don, faire le peut, en s'abstenant de l'hérédité, la légitime réservée aux autres.

Cette théorie se déduisait logiquement du caractère spécial de la légitime.

La légitime était un droit individuel, assigné à chaque enfant; chaque enfant n'avait droit qu'à sa légitime, et dès qu'il en était nanti, le vœu de la loi était satisfait.

Par conséquent, l'enfant donataire qui faisait la légitime de ses frères, n'avait à craindre aucune action de leur part; il conservait de la sorte, outre la quotité disponible, sa propre légitime à laquelle, d'ailleurs, il avait droit à titre d'enfant.

Sans le Code, la réserve n'est pas un droit individuel attribué à chaque enfant; elle constitue la succession *ab intestat*, qui s'ouvre au profit des héritiers à réserve, collectivement.

Si l'un des enfants renonce , sa part , à supposer que la réserve n'en soit pas amoindrie, accroit, à ses co-réservataires qui la recueillent, *jure proprio*.

L'enfant renonçant ne peut plus se prévaloir de sa qualité d'enfant, puisque l'enfant acceptant à seul droit à la réserve.

On invoque l'art 921 qui, dit-on, consacre la théorie de la légitime.

Les demandeurs en réduction ne peuvent pas réclamer au-delà de leur part dans la réserve. C'est incontestable.

Lorsqu'ils ont obtenu cette part, l'enfant donataire renonçant se trouve à l'abri de toutes poursuites de leur chef. Il est donc en droit de retenir le don jusqu'à concurrence de la quotité disponible et de sa propre part dans la réserve.

Ce raisonnement suppose toujours que l'enfant renonçant à une part dans la réserve, or, nous avons péremptoirement prouvé le contraire.

On objecte encore :

S'il faut être héritier pour réclamer la réserve, comment concevoir que les créanciers du défunt n'aient aucun droit sur les biens obtenus par la voie de la réduction.

Le réservataire puise son droit dans une concession formelle de la loi ; l'acquisition de ce droit est subordonnée à la condition de son acceptation de la succession. La loi est donc le principe de la réserve et la qualité d'héritier, la condition de l'obtention du droit à la réserve.

Ce n'est donc pas en sa qualité de représentant du *de cujus* que le réservataire intente la réduction, mais en vertu d'un droit qui lui est propre.

Il est logique que les biens qu'il recouvre ainsi par la voie de la réduction ne soient pas le gage des créanciers du défunt.

Le rapport est dû par tout héritier, donataire ou légataire du *de cujus*.

La qualité seule d'héritier engendre cette obligation. Il n'est pas nécessaire que le donataire ou le légataire fut héritier présomptif du disposant, à l'époque de la donation ou du testament. Les rédacteurs ont cru devoir s'expliquer formellement sur ce point, dans l'article 846, afin de prévenir les doutes qu'aurait pu faire naître la règle contraire suivie dans les pays de coutumes.

L'enfant naturel est également soumis au rapport.

Cette solution est combattue par certains auteurs qui prétendent que l'enfant naturel est tenu d'imputer sur sa part héréditaire le montant des libéralités qu'il a reçues du défunt.

Ces auteurs nous paraissent s'être attachés trop servilement aux termes de l'article 760 dont ils ont méconnu la véritable signification.

Le Code détermine dans les articles 757 et 758 la vocation héréditaire de l'enfant naturel, en prenant pour base la part qu'il aurait eut, s'il eût été légitime ; il a droit à une fraction de cette part qui varie, suivant la qualité des parents légitimes avec lesquels il est appelé à concourir.

Ce mode de détermination entraîne l'application aux enfants naturels des règles établies pour les successions légitimes. L'obligation du rapport incombe donc à l'enfant naturel comme à l'héritier légitime.

Bien plus il ne peut pas être dispensé du rapport. Cette dérogation au droit commun des successions nécessitait un texte formel ; [l'article 760 consacre cette exception en ces termes :

» L'enfant naturel ou ses descendants sont tenus d'*im-*
» *puter* sur ce qu'ils ont droit de prétendre, tout ce qu'ils
» ont reçu du père ou de la mère dont la succession est
» ouverte et qui serait sujet à rapport, d'après les règles
» établies à la section 2 du chapitre VI. »

L'enfant naturel ne peut pas, à la différence de l'héritier légitime, recevoir des libéralités préciputaires.

M. Chabot, dans son rapport au tribunat, indique l'objet de l'article 760 : il est, dit-il, une garantie pour les enfants légitimes que les enfants naturels n'auront pas plus que la loi ne permet de leur donner.

Il faut reconnaître que la rédaction de cet article n'est pas très heureuse ; mais il est inadmissible que les rédacteurs du Code aient entendu créer par ce seul mot : *imputer* une théorie spéciale.

Si telle avait été leur intention, ils n'auraient pas manqué d'en tracer les règles et les principes. Le système de l'imputation aboutit à des conséquences qui le condamnent.

Un père meurt laissant un enfant légitime et un enfant naturel et une fortune de 40,000 ; il a donné à son fils naturel une maison qui valait au moment de la donation 8,000 fr. Cette maison a acquis une plus-value considérable et vaut au décès du père 40,000 fr.

Si le fils naturel doit imputer, c'est-à-dire précompter sur sa part la valeur de la maison à l'époque de la donation, il pourra conserver l'immeuble donné. L'estimation se trouve précisément égale à la part qui revient à l'enfant naturel dans la succession de son père.

En fait, l'enfant naturel est aussi bien traité que s'il était légitime. Légitime, il aurait dû rapporter en nature la maison et n'eut obtenu qu'une part égale à la valeur qu'elle représente au décès de son père.

La fin de l'art. 760 indique, par le renvoi aux règles de la section du rapport, que les rédacteurs n'ont pas eu la pensée d'imposer à l'enfant naturel une obligation différente de celle qui incombe à l'héritier légitime.

Le principe suivant lequel il faut être à la fois héritier et donataire ou légataire de *cujus* pour être soumis au rapport, reçoit sa confirmation dans plusieurs articles.

Le fils, venant de son chef à la succession du donateur, n'est pas tenu de rapporter le don fait à son père, même quand il aurait accepté la succession de celui-ci (art. 848).

Le fils n'est pas personnellement donataire du de *cujus* ; il peut sans doute profiter du don fait à son père et il en profitera certainement s'il vient à la succession. Mais cette circonstance est absolument indifférente.

Le second alinéa de l'art. 848 suppose que le fils vient à la succession par représentation et décide qu'il doit rapporter ce qui a été donné à son père.

Cependant le fils n'est pas lui-même donataire. Il peut même arriver, ainsi que la loi le suppose, qu'il ne profite pas du don. Cette décision s'explique par les principes de la représentation.

La représentation a pour effet de conférer à celui qui l'invoque tous les droits que le représenté aurait eus, s'il eût survécu au *de cujus*, sous la charge des mêmes obligations.

Or, le père aurait été obligé de rapporter les dons et les prêts à lui faits par le de *cujus* ; son fils qui le représente, doit donc être soumis à la même obligation.

Si l'héritier par représentation est tenu au rapport des dons qui ont été faits au représenté, il doit également rapporter les dons qui lui ont été faits personnellement. En effet, l'article 843 pose une règle générale qui ne comporte aucune exception : tout héritier doit rapporter ce qu'il a reçu du défunt. Or, le représentant est héritier ; donc il doit le rapport, s'il est en même temps donataire ou légataire du *de cujus*.

On objecte que cette décision est contraire aux règles qui gouvernent la représentation. Cette fiction, dit-on, fait en quelque sorte revivre un fils ou un frère décédé en la personne de ses enfants. Aux yeux de la loi ; c'est le représenté qui est héritier. Aussi l'article 843 oblige-t-il le représentant à rapporter les dons faits au représenté.

Assurément, le représentant emprunte le degré et les droits que son père ou son aïeul qu'il représente aurait eus. Mais pour qu'il puisse invoquer le bénéfice de la représentation, il faut qu'il ait lui-même une vocation propre et particulière à l'hérédité ; il doit réunir toutes les conditions dont le concours est indispensable pour l'obtention du titre d'héritier.

La représentation a pour effet, tantôt d'avancer d'un ou ou de plusieurs degrés la vocation personnelle du représentant, qui se trouvait inférieure en rang à celle des autres successibles, et tantôt de modifier l'étendue de cette vocation : dans les deux cas, le représentant est héritier, et à ce titre, il est soumis au rapport.

On objecte encore que le prédécès du représenté va profiter aux autres héritiers, contrairement au principe d'après lequel le prédécès d'un fils ou d'un frère qui laisse des descendants ne doit leur causer ni avantage ni préjudice.

L'héritier par représentation est à la fois héritier et représentant. Considéré comme représentant, il ne peut réclamer que les droits que son père aurait eus et il est tenu des obligations auxquelles son père aurait été soumis.

A ce point de vue, le principe invoqué par nos adversaires est parfaitement juste.

Le représentant est en outre investi de la qualité d'héritier ; il doit en conséquence supporter toutes les charges attachées à cette qualité et notamment celle du rapport.

Le représentant doit rapporter non seulement les dons faits à l'ascendant du premier degré, mais encore ceux faits aux ascendants des degrés intermédiaires ; ainsi l'arrière petit-fils, venant par représentation à la succession de son bisaïeul, rapportera les libéralités qui ont été faites à son père et à son aïeul.

Il représente à la fois son père et son aïeul.

L'article 848, que nous venons d'expliquer, supposait un don fait au père ou à la mère du successible.

L'article 847 prévoit l'hypothèse d'un don fait au fils du successible.

« Les dons et les legs faits au fils de celui qui se trouve
» successible à l'époque de l'ouverture de la succession sont
» toujours réputés faits avec dispense de rapport. Le père
» venant à la succession du donateur n'est pas tenu de
» les rapporter. »

Et l'article 849, l'hypothèse d'un don fait au conjoint de l'époux successible.

« Les dons et legs faits au conjoint d'un époux succes-
» sible sont réputés faits avec dispense de rapport. »

Ces articles ont donné lieu à deux explications. 1° Les coutumes de Paris et d'Orléans avaient rigoureusement prohibé toute libéralité préciputaire ; afin de mieux assurer l'exécution de cette défense, elles avaient présumé la fraude dans certaines hypothèses qui s'y prêtaient le plus facilement. Ainsi, les donations faites au fils ou au conjoint d'un successible étaient censées faites au successible lui-même. Les coutumes réputaient donc le fils et le conjoint personnes interposées, et traitaient les donations qui leur avaient été faites comme si elles eussent été directement faites au successible.

Cette présomption légale se concevait sous la législation coutumière. Mais elle perdait sa raison d'être et sa légitimité avec le rétablissement de la faculté de faire des avantages aux successibles.

Il n'était pas admissible que le donateur eût recours à un moyen détourné et dangereux pour réaliser une donation qu'il pouvait faire directement au successible.

Les rédacteurs ont cru devoir signaler cette modification qui allait de soi ; on ne peut que le regretter, car la formule dont ils se sont servi, donne à penser qu'ils ont encore considéré le fils et le conjoint, donataires en titre, comme des personnes intéressées, et le successible comme donataire réel.

La pensée de la loi apparait clairement dans le dernier alinéa de l'art. 848.

Le père venant à la succession du donateur n'est pas tenu de les rapporter.

Il n'y est pas tenu, parce qu'il n'est pas personnellement donataire du *de cujus*.

On peut d'ailleurs justifier l'addition de cette phrase :

Sont réputés faits avec dispense de rapport qui a été faite au texte primitif sur l'observation de Tronchet. Par cette formule, le Code repousse toutes les considérations qu'on invoquait autrefois à l'effet d'établir que la donation était réellement faite au successible. Treilhard dit en effet, dans l'exposé des motifs : Les donations qui n'auront pas été faites à la personne même de l'héritier, seront toujours réputées faites par préciput.

2° Certains auteurs interprètent littéralement les termes des art. 848 et 849, et soutiennent que le successible est le bénéficiaire présumé des libéralités qui ont été faites à son fils ou à son conjoint.

Ces libéralités sont formellement dispensées du rapport : cette dispense suppose que le successible est considéré comme le donataire réel.

Cette doctrine mène à des conséquences inacceptables et se trouve d'ailleurs suffisamment réfutée par les explications qui précèdent.

Le conjoint successible n'est tenu de rapporter que les libéralités qui lui ont été faites personnellement.

Est-il seul donataire en nom ? Il rapportera le montant de sa libéralité. Il n'en rapportera que la moitié si le don a été fait à lui et à son conjoint.

Il n'y a pas à considérer ce que devient l'objet donné, ni le profit que le successible donataire a retiré de la donation; il peut se faire qu'il n'en profite pas du tout. Cette circonstance ne saurait le dispenser du rapport.

SECONDE PARTIE.

A QUELLE SUCCESSION ET A QUI LE RAPPORT EST-IL DU ?

Le rapport est dû par celui qui est à la fois héritier et donataire ou légataire du *de cujus*.

Le rapport des dons et des legs se fait donc à la succession du donateur ou du testateur (850).

Ce principe, admis dans l'ancien droit, y avait reçu des applications ingénieuses. Dans les pays de droit écrit, le père devait rapporter à la succession de l'aïeul la dot que celui-ci avait constituée à sa petite fille. L'aïeul, en dotant la petite-fille, avait acquitté la dette du père qui était obligé de faire une dot à sa fille. Le père se trouvait donc gratifié du montant de la dot et était traité comme donataire et soumis comme tel au rapport. Puis, comme la dot profitait en définitive à la fille, celle-ci en devait le rapport à ses frères et sœurs.

De même dans les pays de coutumes, le père était tenu de rapporter à la succession de l'aïeul les libéralités faites à son fils par l'aïeul.

Ces applications détournées du principe supposaient l'existence de règles que le Code a rejetées.

Le père n'est plus obligé de doter sa fille, et dès lors la petite-fille dotée par l'aïeul profite seule de la libéralité et en doit seule le rapport.

D'autre part la donation faite au petit-fils n'est plus présumée faite au fils.

Sous le Code, le rapport n'a lieu qu'à la succession du donateur ou du testateur réel.

Il est donc d'un grand intérêt de rechercher l'auteur d'une libéralité susceptible de rapport. Cette recherche soulève quelques difficultés, dans son application aux constitutions dotales.

Il faut distinguer plusieurs hypothèses :

1° La dot a été constituée par l'un des époux, le père ou la mère.

L'époux constituant est seul et unique donateur : partant le rapport aura lieu exclusivement à sa succession.

Toutefois, si les époux sont mariés sous le régime de la communauté, la dot constituée par le mari seul à l'enfant commun en effets de la communauté est à la charge de la communauté (1439). Dans ce cas, la question de savoir quel est le donateur, dépend du parti que prendront la femme ou ses héritiers, lors de la dissolution de la communauté.

Si la femme accepte, elle participe rétroactivement à la constitution de dot et devient donataire de la dot, jusqu'à concurrence de moitié ou seulement de son émolument, suivant qu'elle a fait ou n'a pas fait inventaire.

Si elle renonce, elle demeure étrangère à la donation : le mari recueillant toute la communauté a seul constitué la dot entière.

2° La dot a été constituée conjointement par les deux époux à l'enfant commun.

Les époux sont censés avoir constitué la dot, chacun par moitié. Il n'y a pas à considérer la nature et l'espèce des biens qui ont servi au fournissement de la dot, il importe peu que ce soient des biens de communauté ou des biens propres.

Chacun des époux a contracté une obligation personnelle jusqu'à concurrence de la moitié de la dot, et est tenu de l'acquitter sur ses propres biens ; la femme, même en renonçant à la communauté, demeure obligée. Dès lors, le rapport de la dot se fait par moitié à chacune de leurs successions.

La circonstance que les époux ont stipulé la solidarité entre eux n'est pas de nature à modifier ce réglement. Cependant un arrêt a décidé que l'enfant qui a reçu de sa mère seule la totalité de la dot a lui constituée par ses père et mère, en doit le rapport intégral à sa succession. Cet arrêt attribue donc la donation à la mère seule, sans égard à l'intervention et à l'engagement du père. C'est là, ce nous semble, une violation manifeste de la disposition de l'art. 1438 qui rend commune aux deux époux, la constitution de dot à laquelle ils ont tous deux concouru ? Que devient l'action en indemnité que la succession de la mère peut exercer contre le père , afin de répéter la moitié de la dot qu'elle a avancée pour lui.

Ce système aboutit, d'ailleurs, à un résultat qui suffirait seul à le faire réjeter.

La solidarité a été stipulée dans l'intérêt de l'enfant, à l'effet de garantir, avec plus d'efficacité, le paiement intégral de la dot qui lui était promise. Or, si l'époux qui a été contraint, en vertu de sa promesse solidaire, de fournir le montant de la dot avec ses propres biens, vient à prédécéder et que l'enfant doive rapporter à sa succession l'intégralité de sa dot, celui-ci sera privé de la jouissance de la moitié de sa dot, qui n'eut pas été rapportable sans la clause de solidarité.

La garantie tourne donc contre l'enfant ; de plus, la succession de l'époux prédécédé comprend la dot entière qui est rapportée et l'action en indemnité qui lui appartient contre l'époux survivant, à l'effet d'obtenir le remboursement de la moitié de la dot. La succession du prédécédé va donc se trouver enrichie de la moitié de la dot, au détriment du survivant.

Il est d'un usage fréquent que les père et mère, en dotant conjointement leur enfant, stipulent que la dot sera entièrement imputable sur la succession du pré-mourant.

La validité de cette clause ne saurait être contestée.

La constitution dotale ainsi modifiée peut s'analyser juridiquement en une double donation de la part de chacun des père et mère ; l'une, sous condition résolutoire et l'autre, sous condition suspensive.

Chacun d'eux donne la moitié de la dot, sous la condition que la donation sera non avenue, s'il vient à survivre, et l'autre moitié de la dot, sous la condition que la donation n'aura lieu qu'autant qu'il vienne à prédécéder.

Le même événement, le prédécès de l'un des époux amène la défaillance de la condition résolutoire attachée à la première des donations qui émanent de lui, et l'accomplissement de la condition suspensive à laquelle la seconde était subordonnée.

Partant, la première donation n'étant pas résolue par suite du prédécès se trouve, par là même, maintenue et consolidée définitivement, et la seconde s'est réalisée par l'accomplissement de la condition suspensive.

L'époux prédécédé était donc seul et unique donateur de la totalité de la dot.

En conséquence, le rapport en est dû à sa succession exclusivement.

Inversement, les deux donations faites par l'époux survivant sont non avenues : la première, par suite de l'arrivée de la condition résolutoire et la seconde par l'inaccomplissement de la condition suspensive. Il est donc devenu étranger à la constitution de dot.

1° A QUI LE RAPPORT EST-IL DU ?

Le rapport est dû à l'héritier et n'est dû qu'à lui (857).

Il suffit de se rappeler le double fondement sur lequel repose la théorie du rapport dans notre Code pour être convaincu de la légitimité de cette règle. La présomption de volonté du disposant et l'égalité conforme à la dévolution légale de la succession : tels sont les principes qui ont guidé les rédacteurs du Code.

Or l'intention du disposant a été de ne pas avantager le donataire au préjudice des autres héritiers et de leur assurer au contraire, dans le partage de sa succession les droits que chacun d'eux tiendrait de la loi.

L'égalité a pour but de consacrer les dispositions de la loi qui règlent la vocation héréditaire des successibles.

Par conséquent, pour invoquer l'un ou l'autre de ces principes, il faut tenir de la loi un droit de succession ; il faut être héritier.

Nous avons déjà déterminé le sens de ce mot ; il signifie tout individu appelé par la loi à succéder *ab intestat*.

Tout héritier peut exiger le rapport, sans distinction de ligne. L'héritier de la ligne paternelle peut contraindre au rapport un successible de la ligne maternelle.

Il en était autrement dans l'ancien droit : Les coutumes considéraient la nature et l'origine des biens pour en régler la dévolution.

Le rapport ne pouvait dans ce système, profiter qu'aux membres de la ligne appelée à recueillir les biens de la nature et de l'origine du bien rapporté. Le décès d'une personne possédant diverses sortes de biens donnait ouverture à plusieurs successions , au profit de [différentes classes d'héritiers.

Sous le Code, les biens d'une personne décédée, confondus en une seule et même masse, forment une seule succession.

On conçoit. par suite, que les biens sujets à rapport doivent être rapportés à tous les héritiers.

L'article 829 indique cette règle :

« Chaque co-héritier fait rapport à *la masse*. »

L'art. 857 la confirme en portant que le rapport est dû au *co-héritier*.

Le rapport peut être exigé par les représentants de l'héritier, par ses créanciers personnels.

Les créanciers de la succession auraient le même droit, si l'héritier avait accepté purement et simplement la succession. Ils seraient devenus ses créanciers personnels.

Puisqu'il faut être héritier pour avoir droit au rapport, il s'ensuit que l'h'éritier qui renonce à la succession ou qui en est exclu comme indigne, n'y peut pas prétendre.

On en conclut encore avec l'article 857 que le rapport n'est pas dû aux légataires ni aux créanciers de la succession.

Séparons les deux propositions.

1° Le rapport n'est pas dû aux légataires.

Il faut ajouter ni aux donataires.

Il importe de bien préciser le sens de cette règle qui a été si étrangement méconnu.

Les légataires n'ont pas droit au rapport en ce sens qu'ils ne peuvent pas exiger le rapport des donations ou des legs faits aux successibles ni en profiter, quand il a été effectué.

L'intérêt des légataires à l'exécution du rapport par ceux qui en sont tenus ne se conçoit que dans l'hypothèse où les valeurs laissées par le *de cujus* sont insuffisantes pour acquitter tous les legs ; dans ce cas, les divers legs subissent une réduction proportionnelle, qui est d'autant plus forte que l'insuffisance des biens existants au décès est plus grande. Le rapport aurait pour résultat d'augmenter la masse et d'accroître d'autant le bénéfice réel que chaque légataire retirerait de son legs.

Nous venons d'indiquer qu'en cas d'insuffisance des biens existants au décès, les legs sont tenus à la réduction. C'est dire que nous admettons l'opinion d'après laquelle l'héritier n'est tenu d'acquitter les legs qu'*intra vires bonorum*.

Si nous décidions avec certains auteurs que l'héritier qui a accepté purement et simplement la succession est obligé de payer les legs *in infinitum*, nous devrions supposer, pour trouver l'intérêt des légataires au rapport, outre l'insuffisance des biens délaissés par le *de cujus*, l'acceptation sous bénéfice d'inventaire de la succession.

Le légataire ne peut exiger le rapport ni des **donations** ni des legs.

L'héritier, légataire par préciput, n'est pas plus favorisé à cet égard qu'un légataire étranger. La réunion sur sa tête des deux qualités d'héritier et de légataire n'en opère pas la confusion ; chacune d'elles demeure distincte de l'autre et continue de produire les effets qui lui sont propres. Comme héritier, il a droit au rapport dans la limite da sa part héréditaire. Considéré comme légataire, abstraction faite de son titre d'héritier, il est traité comme étranger à la succession, et ne peut pas par suite profiter du rapport.

L'irrévocabilité des donations s'opposait à ce que les légataires eussent quelque droit au rapport qui pourrait en être fait par les successibles.

La règle, que le rapport des legs faits aux successibles n'est pas dû aux légataires doit être bien comprise. Il ne faudrait pas croire que le successible légataire soit préféré aux légataires étrangers ; supposons que le montant des legs excède l'actif destiné à les acquitter, il y aura lieu à la réduction. Le legs fait à l'héritier sera réduit proportionnellement comme les autres legs, et le dividende qu'il aura obtenu sera réuni à la masse à partager entre les héritiers.

Nous avons indiqué que le vrai sens de la disposition que nous étudions, avait été singulièrement dénaturé ; il reste à justifier cette critique.

Certains auteurs ont tiré de la règle, que le rapport n'est pas dû aux légataires, la conséquence suivante :

Les légataires de la quotité disponible n'ont pas le droit d'exiger le rapport fictif des dons faits aux successibles, et la réunion des biens qui en ont fait l'objet aux biens existants au décès du *de cujus*, à l'effet de faire déterminer la quotité disponible sur la masse composée de ces deux sortes de biens. La quotité disponible doit se régler sur les biens existants au décès seulement.

Il est vrai que le rapport demandé par les légataires ne serait jamais que fictif ; mais ce ne serait pas moins un rapport en moins prenant, en faveur des légataires et au préjudice des héritiers ; il aurait pour effet d'élever la quotité disponible, et, par suite, de profiter aux légataires, conformément à la règle posée par l'art. 857.

Si la valeur des biens existants au décès ne dépassait pas la quotité disponible ainsi fixée, les héritiers se trouveraient exclus de toute participation à ces biens qui seraient intégralement attribués aux légataires.

Cette doctrine consacrée d'abord par la Cour de cassation et nombre de Cours d'appel est aujourd'hui abandonnée.

Le vice capital de cette doctrine est la confusion de deux théories parfaitement distinctes dans notre droit : le rapport et la réduction.

Le rapport est destiné à conserver entre les co-héritiers l'égalité proportionnée des parts qui leur sont dévolues en vertu de la loi ; la réduction a pour objet de déterminer à la fois et par la seule et même opération la réserve et la quotité disponible.

Le rapport ne peut être invoqué par les légataires : L'article 857 est formel.

Mais tout légataire qui a intérêt à l'établissement de la quotité disponible a le droit de réclamer le bénéfice des règles de la réduction qui ont pour but de fixer cette quotité.

Or, d'après l'art. 922, la quotité disponible se détermine au moyen de plusieurs opérations dont les deux premières nous intéressent seules :

1° Formation de la masse des biens existants au décès du donateur ou du testateur.

2° Réunion fictive des biens dont le *de cujus* a disposé par acte entre-vifs.

Les dons en avancement d'hoirie constituent de véritables donations entre-vifs ; donc les biens qui ont fait l'objet de ces dons, doivent être réunis fictivement.

* Puisque le légataire a droit à la quotité disponible, il peut exiger cette réunion et profiter des avantages qu'elle doit lui procurer.

On objecte que le procédé indiqué par l'article 922 pour calculer la quotité disponible n'est applicable que dans le cas où les réservataires agissent en réduction. Les légataires n'ont pas droit à l'action en réduction.

Le Code a indiqué le procédé à suivre pour la détermination de la quotité disponible à propos de l'hypothèse où la nécessité de la déterminer se présente le plus souvent. C'était naturel. Mais la place qu'occupe l'article 922 importe peu : de même qu'il n'y a qu'une quotité disponible et qu'une réserve, de même il n'existe qu'un mode de fixation de cette quotité ou de cette réserve.

Ce procédé peut être employé par les légataires, qui ont intérêt à l'invoquer.

Remarquons les énormités auxquelles l'objection conduit. Il en résulte que, si le disposant a dépassé la quotité disponible et porté atteinte à la réserve, les avancements d'hoirie devront être fictivement rapportés. Dans le cas contraire, ce rapport n'aura pas lieu. En conséquence, la quotité disponible sera plus forte dans la première hypothèse que dans la seconde.

Il est donc certain que le légataire de la quotité disponible peut exiger le rapport fictif des biens donnés aux successibles comme de ceux donnés aux étrangers.

Lorsque la quotité disponible a été fixée, si les biens existants au décès du testateur sont suffisants pour la remplir, le légataire reçoit l'intégralité de son legs. S'il y 'a insuffisance, il en subit seul le préjudice, et ne saurait prétendre compléter le legs par un prélèvement sur les biens rapportés. Il profiterait alors du rapport réel effectué par les héritiers ; résultat que l'art. 857 a pour effet de prévenir.

Une exception doit être apportée au principe que les légataires et donataires ne peuvent ni exiger le rapport, ni en **profiter.**

Elle résulte des dispositions de l'article 1098. Cet article autorise l'époux, qui a des enfants isssus d'un précédent mariage, à donner à son second époux une part d'enfant légitime le moins prenant.

Pour calculer cette part, il faut compter l'époux donataire au nombre des enfants et lui accorder tous les droits que confère ce titre et notamment celui d'exiger le rapport des libéralités qui en sont susceptibles. Si l'époux était privé de cette faculté, il pourrait ne pas obtenir la part à laquelle il a droit ; les enfants se concertant à l'effet de ne pas exercer l'action en rapport.

De plus, il deviendrait possible à l'époux donateur d'anéantir la donation qu'il a faite. Supposons, en effet, qu'après avoir donné, par son contrat de mariage, à son conjoint une part d'enfant, il dispose de tous ses biens au profit de ses deux enfants ; si le conjoint donataire n'a pas le droit d'exiger le rapport, la donation qui lui a été faite sera annulée par le fait du donateur.

On a fait une restriction à cette exception : des auteurs exigent que la donation d'une part d'enfant soit faite par contrat de mariage antérieurement aux dons en avancement d'hoirie, pour que le conjoint donataire ait droit au rapport réel. Si cette condition manque, il ne peut réclamer que le rapport fictif conformément à l'article 922.

Mais les règles du rapport fictif et les règles du rapport réel sont loin d'être identiques.

Qu'il nous suffise de signaler l'une des différences qui existent entre ces deux théories.

Le rapport des meubles se fait sur le pied de leur valeur au moment de la donation ; en matière de réduction, on considère leur valeur au moment du décès du donateur.

Bien que ce point de droit ait été controversé, les termes formels de l'art. 922 ne laissent pas place au moindre doute.

Or, nous supposons que des meubles estimés 20,000 fr. dans l'état joint à la donation qui a été faite à l'un des enfants, ne valent plus que 5,000 fr. à l'époque du décès du donateur.

La succession du *de cujus* se compose de 20,000 fr., et est recueillie par ses trois enfants et par son conjoint donataire d'une part d'enfant.

Si l'on permet à l'époux survivant d'exiger le rapport des meubles donnés, la succession, accrue de la valeur qu'ils avaient à l'époque de la donation, soit 20,000 fr., présentera une masse de 40,000 fr., dont le quart reviendra à l'époux, soit 10,000 fr. Si l'on lui refuse ce droit, il n'a d'autre ressource que de demander la réunion fictive des meubles donnés aux biens existants conformément à l'art. 922. La masse des biens sur lesquels portera le droit du conjoint se composera de 25,000 fr., dont le quart lui revenant sera de 6,250 fr.

On voit que, dans le système que nous repoussons, le conjoint donataire n'aura pas une part d'enfant.

2° Le rapport n'est pas dû aux créanciers de la succession.

Cette règle n'est vraie que du rapport des donations, elle cesse de l'être, à l'égard des legs. Toutefois il ne faudrait pas dire ainsi que le font plusieurs auteurs, que le rapport des legs est dû aux créanciers.

Cette formule inverse serait aussi fausse que la première; il en résulterait immédiatement que l'hériter légataire avec dispense de rapport serait par là même dispensé de rapporter son legs anx créanciers, et qu'il serait, en cas d'insuffisance des biens, payé de préférence à eux. Cette conséquence est contraire au grand principe de droit : *nemo liberalis, nisi liberatus*, en vertu duquel il n'est permis à une personne de disposer par testameut que des biens qui devront lui rester après l'acquittement de ses dettes.

Aussi les créanciers sont-ils préférés aux légataires. (art. 809).

Il est vrai de dire, avec l'article 857, que les créanciers n'ont pas droit au rapport des donations.

Il semble inique, au premier abord, que les héritiers puissent se partager des biens provenant du défunt, alors que ses créanciers ne sont pas payés. Ce résultat qui paraît choquant est cependant conforme aux principes du droit et à l'équité.

De deux choses, l'une : ou les créanciers étaient déjà créanciers du *de cujus* à l'époque de la donation sujette à rapport ou ils ne l'étaient pas encore.

S'ils n'étaient pas créanciers au temps de la donation et

ne le sont devenus que postérieurement, de quel droit et à quel titre viendraient-ils se plaindre de l'aliénation d'un bien qui ne figurait plus dans le patrimoine de leur débiteur au moment où ils lui ont donné leur crédit.

S'ils étaient déjà créanciers à l'époque de la donation, ils ont, il est vrai, pu compter sur l'objet donné, mais ils savaient que leur débiteur restait maître de disposer de ses biens, même à titre gratuit ; il y va de leur faute de n'avoir pas exigé les garanties propres à sauvegarder leur créance. Ils ont perdu toute espèce de droit sur l'objet donné, du jour où il a cessé d'appartenir à leur débiteur.

Sans doute, le rapport a pour effet de le faire rentrer dans la succession ; mais c'est un effet purement relatif en faveur des héritiers seulement.

Partant vis à vis des créanciers du défunt, le bien donné demeure toujours en dehors de la succession.

Si les créanciers de la succession ne peuvent pas exiger le rapport, c'est seulement en tant qu'ils agissent en cette qualité, et comme représentants du défunt dont ils exercent les droits. Ils auraient droit au rapport, s'ils devenaient les créanciers personnels des héritiers par suite de l'acceptation pure et simple que ceux-ci auraient faite de la succession, de sorte que la règle posée dans l'article 857 n'est applicable que dans le cas où les créanciers du défunt ne deviennent pas les créanciers de l'héritier.

Cela arrivé :

1° Lorsque la succession a été faite sous bénéfice d'inventaire :

2° Lorsque les créanciers du défunt ont obtenu la séparation des patrimoines.

Dans ces deux hypothèses , le patrimoine du défunt et celui de l'héritier demeurent distincts , et chacun d'eux reste affecté à ses propres charges.

TROISIÈME PARTIE.

Quelles choses sont susceptibles de rapport ?

Nous avons à examiner :

1° Quelles choses sont sujettes à rapport ;

2° Quelles choses en sont dispensées, soit par la loi, soit par la volonté du disposant.

Sont susceptibles de rapport :

1° Les donations, 2° les legs, 3° les dettes.

1° DU RAPPORT DES DONATIONS. — L'héritier doit rapporter à ses co-héritiers tout ce qu'il a reçu du défunt par donation entre-vifs (art. 843).

Cette formule si générale a paru encore insuffisante au législateur ; le texte ajoute : directement ou indirectement.

Le rapport comprend toutes les libéralités entre-vifs , directes ou indirectes.

Il faut tout d'abord qu'il y ait eu une libéralité, et que cette libéralité ait été faite par le défunt au successible.

Le caractère essentiel et constitutif de la donation consiste dans un appauvrissement du patrimoine de celui de qui la fait, et dans un enrichissement du patrimoine de celui qui la reçoit : La donation est pure et simple, lorsque l'enrichissement est égal à l'appauvrissement. Elle peut avoir pour objet un droit de créance ou un droit réel, et ces droits peuvent porter indifféremment sur des meubles ou sur des immeubles. Elle se forme par le concours du consentement du donateur et de celui du donataire, manifestés suivant les formes légales.

 L'existence de la donation ne suffit pas pour qu'elle soit snsceptible de rapport ; son exécution est nécessaire : il faut que la libéralité ait été effectivement réalisée. Le législateur indique la nécessité de cette condition par le mot *reçu*.

Partant, si la donation consistait dans la promesse d'une somme d'argent, le paiement de cette somme doit avoir eu lieu avant le décès du donateur. Si la donation n'a été exécutée qu'en partie, le successible donataire sera obligé de rapporter seulement ce qu'il aura reçu.

On a posé l'espèce suivante : Une dot est constituée par un pére à sa fille et stipulée payable aussitôt après la célébration du mariage. Trente ans s'écoulent et le père meurt, sans avoir payé la dot. Les héritiers du père pourront-ils soutenir que par suite de l'accomplissement de la prescription, le père est présumé avoir payé et obliger en conséquence la fille dotée à rapporter sa dot ?

On est frappé tout d'abord de l'injustice de cette prétention ; mais voyons le point de droit et précisons la situation juridique des párties.

Les frères de la fille dotée allèguent qu'elle est tenue au rapport de sa dot ; ils se prétendent donc créanciers de leur sœur. Pour justifier cette prétention, ils invoquent le secours de la prescription.

Or, la prescription n'est qu'un moyen de se libérer (2119) ; elle est une exception, une fin de non-recevoir qu'un débiteur peut invoquer pour se soustraire au paiement de sa dette.

Ce n'est pas un mode d'acquérir une créance.

Par conséquent la prescription ne peut servir en rien aux frères qui en réclament le bénéfice.

Il n'est pas vrai de dire que le père est présumé avoir payé la dot ; car la prescription n'est pas une présomption légale de paiement, mais un moyen de se libérer, que la loi met à la disposition des débiteurs.

Or, les frères se présentent comme créanciers de leur sœur.

Il faut donc décider, d'accord avec les principes et l'équité, que la fille dotée ne sera pas soumise au rapport.

Lorsque la donation est pure et simple, l'héritier doit en rapporter le montant intégral.

Il n'en est pas de même à l'égard des donations rémunératoires ou onéreuses.

La donation rémunératoire est faite en vue de récompenser le donataire des services et des soins qu'il a rendus au donateur.

La donation onéreuse est faite sous la condition de charges que le donataire devra acquitter.

Ces sortes de libéralités participent à la fois des actes à titre onéreux et des actes à titre gratuit. Il importe de dégager les deux éléments contraires qui concourent à les constituer.

Parlons d'abord des donations rémunératoires :

Il faut considérer l'espèce et la nature des services que le donateur a entendu récompenser. Si les services sont de nature à engendrer une obligation civile ou même naturelle, la disposition constitue une sorte de paiement destiné à en acquitter le prix. Dans ce cas, il y a lieu d'apprécier les services rendus, et de comparer l'estimation qui en aura été faite à la valeur de l'objet donné. Si le prix des services est égal à la valeur de l'objet donné, la convention est un pur paiement, sans mélange de libéralité ; s'il lui est inférieur, la convention est mixte : libération jusqu'à concurrence de l'évaluation des services et donation pour l'excédant.

C'est au donataire à établir la réalité des services qu'il allègue ; il ne ferait pas cette preuve en invoquant les termes plus ou moins vagues que les notaires ont coutume d'employer dans les actes de donation.

A l'égard des donations onéreuses, il faut également interroger le caractère des charges imposées au donataire.

Si l'acquit des charges doit procurer au donataire une action civile ou même seulement naturelle, il y a lieu d'en tenir compte et de les évaluer.

Si l'estimation des charges est supérieure ou au moins égale à la valeur de la chose donnée, il n'y a pas donation. C'est un paiement par anticipation. Si elle est inférieure, l'acte contient à la fois une libération et une donation.

On peut se demander comment s'opérera le rapport de l'excédant de valeur de l'objet donné sur le prix des services ou l'estimation des charges.

Si la donation a eu pour objet des meubles, point de difficulté. Si elle a porté sur un immeuble, nous pensons qu'il faudra appliquer par analogie la disposition de l'article 866.

Le Code partage les donations en deux grandes classes : les donations directes et les donations indirectes. Cette division générale comprend toutes les donations ; il reste à rattacher à chaque catégorie les libéralités qui doivent en faire partie.

La donation directe est celle qui est faite par le droit chemin, sans détour : la donation indirecte est, au contraire, celle qui est faite par une voie détournée.

Le type de la donation directe est assurément la donation qui a lieu suivant les formes légales déterminées par les art. 932 et suivants.

Doivent encore être considérés comme dons directs.

1° Les dons manuels, 2° la remise d'une dette.

Les formes que les donations indirectes peuvent revêtir sont trop multiples pour que l'énumération en soit possible.

Ces donations résultent généralement :

1° D'un acte contenant renonciation par le *de cujus* à un avantage.

2° D'un acte à titre onéreux intervenu entre le *de cujus* et son successible ou un tiers.

3° Et de contrats passés entre le *de cujus* et des tiers chargés d'en restituer le bénéfice au successible.

DONATIONS DIRECTES.

1. DONATIONS SOLENNELLES.

Il nous reste peu de chose à dire de ces donations, après les observations générales que nous avons présentées.

Les donations de cette classe sont toutes sujettes à rapport, sans distinction de leur espèce ou de leur date ; peu importe que ce soit des donations ordinaires, par contrat de mariage ou entre époux.

Il y a cependant à considérer l'étendue du droit qu'elles

confèrent au donataire. Nous verrons que les donations universelles sont virtuellement dispensées du rapport.

2. DONS MANUELS.

Le don manuel résulte de la tradition d'une chose effectuée par le donateur au donataire, en vue de faire une libéralité à ce dernier. Il ne peut avoir pour objet que des choses mobilières

En principe, les dons manuels sont soumis au rapport. Ce point est contesté par des auteurs qui prétendent que les dons manuels ne sont pas sujets à rapport, parce qu'ils en sont dispensés. Suivant ce système, les successibles qui ont reçu un don manuel du *de cujus* peuvent échapper à l'obligation du rapport en alléguant une cause de dispense tirée, du caractère même du don qui leur a été fait.

Or, l'article 843 n'admet qu'une seule dispense, la volonté évidente du donateur, et nous ne rencontrons pas, dans l'espèce, la manifestation de cette volonté.

L'emploi de ce mode se justifie par les avantages qu'il présente. Il est d'une application possible à chaque instant. Il n'occasionne aucuns frais et garde le secret de la libéralité.

Nous accordons qu'on soit autorisé à présumer la pensée d'avantager le successible ; mais ce n'est qu'une présomption, et de la présomption à l'évidence, il y a loin.

En présence des doutes qui planent sur les véritables intentions du donateur, nous ne pouvons pas dispenser du rapport le don manuel.

Ce n'est pas à dire que tout don manuel doit être rapporté. Il faut prendre en considération l'importance de la libéralité ; si le don manuel est à proprement parler un de ces cadeaux ou présents que l'usage autorise et même parfois commande, il sera exempt du rapport, grâce à la dispense spécialement établie en faveur de ces libéralités modiques.

3. REMISE DE DETTES.

La convention intervenue entre le *de cujus* et son successible, par laquelle le *de cujus* a libéré gratuitement son successible de la somme que celui-ci lui devait, constitue une libéralité directe, susceptible de rapport.

DONATIONS INDIRECTES.

1. RENONCIATION A UN AVANTAGE EN VUE D'EN FAIRE PROFITER LE SUCCESSIBLE.

Posons plusieurs hypothèses.

Un héritier renonce à une succession dans l'intérêt de son cohéritier, un légataire à son legs dans l'intérêt de son colégataire.

Une femme remariée répudie la communauté qui a existé entre elle et son second mari, afin d'en laisser tout l'émolument aux enfants du second mariage.

Le cohéritier, le légataire et les enfants du second lit venant à la succession de l'auteur de la renonciation devront-ils rapporter le bénéfice qu'ils en ont retiré ?

Cette question, controversée dans l'ancien droit, a continué de l'être sous le nouveau Code.

Il nous paraît certain que l'avantage résultant de ces renonciations est sujet à rapport.

Le renonçant a, en effet, par le même acte, appauvri son patrimoine et enrichi celui de son futur successible; à ces deux traits, on reconnaît une donation.

La renonciation a enlevé au renonçant un droit acquis qui comptait dans ses biens depuis l'ouverture de la succession et était transmissible héréditairement. Elle a enrichi le successible qui a recueilli la part du renonçant.

On objecte que si la renonciation a profité au successible, c'est en vertu d'un droit propre qu'il a recueilli la part du renonçant, *jure non decrescendi*.

Si le *de cujus* avait accepté la succession, le legs ou la communauté, au lieu de les répudier, il aurait concouru avec le successible et réduit sa part. La vocation personnelle du successible aurait subi un échec et ne se serait réalisée qu'en partie. La renonciation a fait disparaître l'obstacle qui s'opposait à l'accomplissement de cette vocation dans sa plénitude.

Le *de cujus* était investi d'un droit qui froissait et restreignait le droit du successible ; il s'est privé de ce droit en vue de faire un avantage au successible; celui-ci en doit le rapport.

L'intention de faire une libéralité résulte du fait de la renonciation. C'est donc au successible de prouver qu'elle n'a pas été faite en sa faveur, en indiquant les causes qui l'ont motivée.

2. DONATIONS RÉSULTANT D'ACTES A TITRE ONÉREUX INTERVENUS ENTRE LE DE CUJUS ET L'UN DE SES SUCCESSIBLES OU UN TIERS.

En rangeant les donations déguisées sous la forme d'un

contrat à titre onéreux, et celles faites par personne interposée dans la classe des libéralités indirectes, nous avons préjugé l'une des questions les plus vivement controversée de notre droit.

S'il est vrai que ces donations soient des donations indirectes, elles tombent sous l'application immédiate de l'art. 843 , et sont dès lors assujetties au rapport. Beaucoup d'auteurs et de tribunaux refusent de leur reconnaître ce caractère, et décident qu'elles sont virtuellement dispensées du rapport,

Cette opinion, que nous croyons fausse, mérite un sérieux examen. On invoque en sa faveur plusieurs arguments :

1° Le rapport n'est dû que par les donataires du *de cujus*, or, les successibles en question ont traité avec lui à titre onéreux : donc, ils ne sont pas tenus au rapport.

Il s'agit de justifier que les successibles sont des acquéreurs à titre onéreux.

Toute convention est présumée sincère et sérieuse, et doit être exécutée suivant les caractères apparents qu'elle présente. Partant la vente, supposons cette espèce, intervenue entre le *de cujus* et le successible doit être considérée comme une vente réelle, susceptible de tous les effets qui dérivent de ce contrat.

Cette présomption de sincérité n'est pas, il **est** vrai, invincible : mais on ne peut la faire tomber que lorsque la convention constitue une fraude à la loi et au droit des tiers.

Ces deux exceptions ne se rencontrent pas dans l'espèce. Le *de cujus* avait la faculté d'avantager directement son successible, par une donation dispensée du rapport; il n'a fait qu'user de son droit d'une manière indirecte.

Ce raisonnement pèche par la base.

Les partisans du système que nous exposons, affirment que la convention n'est pas faite en fraude à la loi et que le *de cujus* n'a fait qu'exercer la faculté qu'il tenait de la loi d'avantager l'un de ses successibles.

Il est vrai que la loi lui confère ce droit dans la limite de la quotité disponible : mais, en même temps, elle a pris soin d'en régler l'exercice.

La dispense de rapport doit être expresse : tacite, elle ne vaut rien ; dans l'espèce, la dispense est purement tacite : donc, elle est faite en fraude à la loi. La simulation de l'acte peut être prouvée par ceux qui y ont intérêt, et le successible, prétendu acquéreur à titre onéreux, sera obligé de rapporter la libéralité qu'il a reçue.

2° Le déguisement auquel le *de cujus* a eu recours manifeste clairement son intention de dispenser le successible du rapport.

Ce n'est là qu'une présomption : bien des raisons peuvent expliquer l'emploi de cette forme détournée. C'est le désir d'éviter la cupidité jalouse des autres héritiers, ou d'échapper au paiement de droits de mutation plus considérables.

Cette intention existât-elle la loi ne la confirmerait pas. Il faut, en effet, que la dispense de rapport soit expresse et résulte de l'acte lui-même.

3° On invoque les articles 847 et 849 qui déclarent faits, avec dispense de rapport, les dons faits au fils ou au conjoint du successible.

On en conclut que les donations faites par personne interposée, emportent virtuellement dispense de rapport.

Il suffit, pour répondre à cet argument, de se rappeler que

ces articles ne reposent pas sur une présomption d'interposition de personnes, ainsi que nous croyons l'avoir démontré.

On invoque encore l'article 918 , lequel dispose que la valeur des biens aliénés à charge de rente viagère, à fonds perdu ou avec réserve d'usufruit, à l'un des successibles en ligne directe, sera imputée sur la portion disponible.

Il résulte de cet article que les donations déguisées, dont il s'occnpe, sont dispensées du rapport.

Cette conséquence est incontestable ; mais il faut expliquer cette disposition par la nature des actes qui en font l'objet.

Il est en effet difficile de reconnaître leur véritable caractère, au premier abord, et de décider s'ils renferment une aliénation à titre gratúit ou à titre onéreux.

Afin d'éviter les procès que ces actes ne manqueraient pas de susciter, le législateur les a considérés et traités comme contenant de pures libéralités.

Ce point de vue exclusif eut été trop souvent contraire à la réalité ; on songea à en corriger les inconvénients et on admit que ces aliénations seraient imputables sur la portion disponible.

Telle est l'explication vraie de l'article 918 que nous devons restreindre aux actes qu'il prévoit.

Il ne suffit pas d'avoir détruit les raisons invoquées par les partisans du système que nous venons d'examiner. Il faut maintenant indiquer les motifs qui nous font admettre la doctrine qui soumet au rapport les donations déguisées sous la forme d'un contrat à titre onéreux ou par personne interposée.

Le successible doit rapporter tout ce qu'il a reçu du défunt, directement ou indirectement, par donation entre-vifs.

Toutes les donatiions sont donc sujettes à rapport; ces donations peuveut être directes ou indirectes. Mais une donation est nécessairement directe ou indirecte; or, si les donations dont nous nous occupons ne sont assurément pas des donations directes, elles constituent des donations indirectes.

Partant, elles doivent être rapportées.

On objecte que ce sont des donations occultes, cachées. Le secret ou la publicité de la donation ne modifie pas son caractère. La loi ne reconnaît pas trois catégories de donation, elle n'en admet que deux.

L'autorité du passé justifie cette interprétation. Pothier, commentant l'article 303 de la coutume de Paris, indique que la coutume soumet au rapport tous les avantages directs et indirects; puis il cite comme exemples d'avantages indirects les donations déguisées, soit par personnes interposées, soit sous la forme d'un contrat à titre onéreux.

Les articles 853 et 854 confirment ce système. L'article 853 dispose que l'héritier ne doit pas le rapport des profits qu'il a pu retirer des conventions passées avec le défunt, lorsque ces conventions ne présentaient aucun avantage iudirect au moment où elles ont été faites.

Donc, tous les avantages résultant de la convention doivent être rapportés. Remarquons la généralité des termes de l'article 853 qui ne souffrent aucune restriction. *Les conventions* sans distinction; *aucun* avantage.

La loi qualifie *indirecte* la libéralité faite sous la forme d'un contrat à titre onéreux.

L'article 854 ajoute :

« Pareillement, il n'est pas dû de rapport pour les asso-

» ciations faites sans fraude entre le défunt et l'un de ses
» héritiers, lorsque les conditions en ont été réglées par
» acte authentique. »

Ces deux textes si positifs sont inexplicables dans l'opinion contraire. On a cependant imaginé une explication
que nous devons faire connaître.

Ces articles ne s'occupent, dit-on, que des avantages illi-
cites, contraires aux règles qui déterminent la capacité de
disposer et de recevoir à titre gratuit et la quotité disponible.

Si cette interprétation était vraie, on ne pourrait criti-
quer trop vivement le défaut de méthode des Rédacteurs qui
traiteraient, au milieu de la section du rapport, de la quotité disponible et de la capacité personnelle.

Nos adversaires s'appuient sur les mots de l'article 854
sans fraude.

Il est facile de répondre à cet argument. Ces expressions
ne se trouvent pas dans l'article 853 qui pose le principe de
l'obligation de rapporter les avantages indirects résultant
des conventions intervenues entre le *de cujus* et l'un de
ses successibles.

On ne saurait les ajouter au texte, sans violer la loi.

Il est vrai que les deux articles sont reliés entre eux par
le mot *pareillement* : mais il est contraire à tous les principes de chercher l'explication du premier dans le second ; on
doit rattacher l'art. 854 à l'art. 853 dont il n'est qu'une
application particulière.

Ces mots *sans fraude* ont le même sens que la phrase de
l'art 853 : Si les conventions ne présentaient aucun avantage indirect.

La fraude consisterait à procurer au successible un avantage qui ne serait pas soumis au rapport, sans en avoir été formellement dispensé.

Pour qu'un contrat à titre onéreux puisse faire naître l'obligation du rapport, il faut qu'il renferme une donation, une libéralité au profit du successible.

Aucune difficulté ne s'élève, lorsque le contrat emprunte la forme et l'apparence d'un acte à titre onéreux sans en avoir aucun caractère. Dans ce cas l'acte renferme une pure libéralité qui est intégralement sujette à rapport.

Souvent il arrive que l'acte présente à la fois les caractères d'un acte à titre gratuit et d'un acte à titre onéreux.

Il faut d'abord démêler ces deux éléments.

Le contrat est à titre onéreux, jusqu'à concurrence de la valeur fournie par le successible et à titre gratuit, pour l'excédant. La détermination rigoureuse des deux éléments qui peuvent entrer dans la composition du contrat, doit être appliquée avec discernement.

Lorsque l'avantage procuré au successible est égal ou supérieur à la valeur de la chose qu'il a fournie, on peut employer la règle que nous avons posée.

L'intention de faire une libéralité est certaine ; dès lors il faut préciser exactement l'importance de la libéralité.

Lorsqu'au contraire, le profit est modique par rapport à la valeur du bien livré, il y a lieu de n'en pas tenir compte. La pensée de gratifier le successible peut s'expliquer par son habileté et l'incertitude du prix réel des choses. C'est là d'ailleurs une question abandonnée à l'appréciation des tribunaux.

La prise en considération de légers bénéfices aurait pour

résultat d'entraver la liberté des conventions, en les rendant impossibles, entre une personne et l'un de ses successibles. Cette conséquence regrettable serait à la fois contraire aux termes de l'article 853 et à la pensée du législateur.

Les tribunaux devront appliquer les règles du droit commun et respecter les gains modiques comme des conséquences ordinaires du contrat.

Il faut que l'avantage résulte de la convention et soit acquis au successible, dès le jour du contrat.

Bien que le Code ait cru devoir s'expliquer formellement sur ce point aucun doute ne pouvait naître.

Si l'acte était à titre onéreux à cette époque, les circonstances qui l'ont suivi ne sauraient en changer le caractère. Si l'objet vendu par le *de cujus* augmente de valeur, le successible en profitera seul.

A qui incombe la charge d'établir l'existence de la libéralité ?

L'acte qui est revêtu des formes d'un acte à titre onéreux est présumé l'être réellement, jusqu'à preuve contraire ; la simulation peut être établie, mais elle ne se présume pas. C'est donc à ceux qui ont le droit d'en profiter, qu'incombe le fardeau de la preuve.

Les demandeurs en rapport doivent donc établir la fausseté de la convention. Cette preuve peut être faite par tous les moyens, par témoins et même par simples présomptions.

On peut se demander si les successibles qui seraient intervenus à l'acte à titre onéreux conclu entre leur auteur et leur cosuccessible pourraient néanmoins en demander le rapport.

Nous admettons l'affirmative. Le droit au rapport est un droit héréditaire, un droit de succession.

Or, aux termes des articles 791 et 1130, on ne peut faire aucun traité relatif à une succession non ouverte. Donc la renonciation tacite résultant du concours à l'acte est de nul effet.

L'article 918 est une disposition exceptionnelle qui ne saurait être étendue.

Il reste maintenant à passer en revue les espèces de contrats à titre onéreux que les parties emploient le plus fréquemment en vue de réaliser des avantages.

1° VENTE.—Au profit d'un successible : si le prix n'a pas été payé, bien que mention du paiement ait été faite dans l'acte, ou si le prix n'a été payé que pour être rendu immédiatement, la vente est purement fictive. C'est une donation.

Supposons que le prix ait été réellement payé par le successible, mais qu'il soit inférieur à la valeur de l'objet vendu. Il faudra appliquer les règles posées plus haut, à l'effet de déterminer si le profit est susceptible de rapport.

2° BAIL. — La demande en rapport des profits que le successible a pu retirer d'un bail consenti en sa faveur par le *de cujus*, doit être accueillie avec une grande réserve.

Bien des considérations peuvent justifier cet acte d'administration. Le bailleur n'a peut être consulté que son propre intérêt, sans témoigner aucunement la pensée d'avantager son successible ; il a pu se déterminer à cette location par la solidité des garanties et par la certitude d'une administration excellente de ses biens à laquelle le successible est intéressé à double titre.

3° Association. — La loi a prévu l'hypothèse d'une association formée entre une personne et l'un de ses successibles : ce contrat, par sa fréquence et son aptitude particulière à se prêter à la réalisation d'avantages détournés, méritait une réglementation spéciale.

L'article 854, que nons connaissons, exige que l'association soit constatée par acte authentique , à la différence des autres contrats à titre onéreux qui demeurent soumis aux règles du droit commun.

Cette exigence a pour but de prévenir les fraudes. L'authenticité assure la date, et les conditions constitutives de l'association ; par là même elle écarte le danger que présenterait l'acte sous-seing privé qui pourrait être déchiré et antidaté, et elle offre aux intéressés les plus grandes facilités pour vérifier l'existence d'avantages indirects.

Nombre d'auteurs enseignent que l'acte authentique peut être suppléé par un acte sous-seing privé enregistré, publié et affiché. Cette doctrine est trop directement contraire au texte de la loi pour être admise. Peut-on d'ailleurs de bonne foi assimiler les garanties de l'acte authentique à celles de l'acte sous-seing privé même enregistré. La formalité de l'enregistrement n'empêche pas la suppression de l'acte lui-même et ne rapporte pas les conditions de l'association.

Quelle est la sanction de la prescription de l'an 854 ? Elle consiste dans la privation des avantages accordés aux associations rédigées suivant le vœu de la loi.

Or, lorsque la Société a été constatée par un acte authentique, le rapport n'est dû que des avantages indirects qui résultaient de la convention au moment où elle a eu lieu. Les profits et bénéfices que l'association a pu produire, appartiennent au successible et sont exempts de rapport ; donc, s'il n'y a pas eu d'acte authentique, le successible doit rapporter tous les profits qu'il a retirés de la Société. La loi présume la libéralité et considère les profits comme les conséquences de cette libéralité première.

Cette présomption est-elle invincible ?

Le successible associé pourrait-il établir par la notoriété publique ou par des témoignages soutenus d'un commencement de preuve par écrit, qu'il n'a pas reçu d'avantage indirect ? Nous ne le pensons pas. Comment parviendrait-il à faire cette preuve ? En produisant des actes et pièces sous-seing privé et des témoins.

Nous savons que la loi refuse sa confiance à ces déclarations écrites et verbales et n'admet que des actes authentiques.

L'admission de ce mode de preuve ne tendrait à rien moins qu'à supprimer la nécessité de l'acte authentique, exigée par l'article 854.

Des auteurs considérables estiment que l'article 1840 apporte une exception à la règle édictée dans l'article 854.

Cet article prohibe les sociétés universelles entre personnes respectivement incapables de se donner ou de recevoir l'une de l'autre et auxquelles il est défendu de s'avantager au préjudice d'autres personnes.

Il résulte de cet article que la Société universelle contractée entre un père et l'un de ses enfants, est et demeure frappée de nullité malgré l'accomplissement de la formalité prescrite par l'article 854.

Nous ne saurions admettre cette opinion.

D'abord nous contestons la nullité de la société universelle formée entre le père et son fils.

Le texte ne prohibe ces sortes de société qu'entre personnes incapables de se donner respectivement et auxquelles il est défendu de s'avantager. Or, cette double incapacité ne se rencontre pas dans les rapports d'un père avec ses enfants.

La pensée du législateur est révélée par les travaux préparatoires.

Préoccupés des facilités que la société universelle offrait pour réaliser des donations illégales et contraires aux règles qui gouvernent la capacité personnelle et la réserve, les rédacteurs ont formellement subordonné à l'application de ces règles les effets des sociétés universelles.

Ces sociétés demeurent donc soumises au droit commun, soit au point de vue de la réduction, soit au point de vue du rapport.

On doit en conclure que l'article 854 leur est applicable comme aux sociétés particulières.

4° Acquisition d'un bien au nom du successible et des deniers du *de cujus*.

Dans le droit Romain, le père qui achetait un bien au nom de sa fille était censé avoir voulu le lui donner par préciput.

Cette présomption n'existe plus dans notre droit.

5° Etablissement.

Les sommes employées par le *de cujus*, pour l'établissement de l'un de ses successibles, constituent des donations indirectes, lorsque le *de cujus* les a avancées *animo donandi*.

Le mot, *établissement* dont se sert l'article 851 doit recevoir une acception fort étendue ; il peut consister dans l'acquisition d'un office, d'une maison de commerce, d'une fabrique ou d'une part d'associé.

6° Paiement des dettes.

Nous supposons que le père ait payé les dettes de l'un de ses enfants, en vue de lui faire un avantage.

Si la dette que le père a acquittée était simplement naturelle, le rapport n'en serait pas dû. Le successible n'en a recueilli aucun avantage, puisqu'il était, de par la nature de sa dette, à l'abri de toutes poursuites.

Ce point est vivement discuté à l'égard des dettes contractées par l'enfant mineur et que le père a acquittées. Deux opinions parfaitement contraires sont en présence : l'une qui exige dans tous les cas le rapport de ces sortes de dettes, et l'autre qui ne l'admet en aucun cas.

Nous nous rangeons à cette dernière doctrine :

1° La cause même du rapport manque dans l'espèce : il n'y a pas libéralité reçue, ainsi que l'exige l'article 843 ; car l'enfant ne tire aucun profit du paiement effectué par son père.

C'est cette absence d'avantage qui nous a fait dispenser le successible majeur du rapport des dettes nulles ou naturelles acquittées par son père. L'enfant mineur doit être aussi bien traité que l'enfant majeur.

2° L'opinion contraire engendre des conséquences inadmissibles ; elle détruit l'économie des règles qui gouvernent les personnes incapables, en dispensant le mineur de l'accomplissement des formes tutélaires.

Il peut se ruiner, pourvu que son père y consente.

On objecte la généralité des termes de l'article 851, qui ne fait aucune distinction entre les dettes annulables et les dettes valables.

On peut répondre qu'en droit les dettes du mineur n'existent pas. La preuve en est qu'elles ne donnent au créancier aucune action ; or, l'action est le caractère distinctif d'une créance reconnue par la loi.

Une opinion intermédiaire s'est produite. Elle subordonne la question du rapport à l'appréciation des tribunaux qui auront pour mission de prendre en considération les diverses circonstances du fait.

C'est la substitution de l'arbitraire à la loi dans une matière qui ne le comporte pas. Là où il ne peut y avoir enrichissement ni profit, il n'y a jamais lieu à rapport.

L'obligation du service militaire est une dette essentiellement personnelle. Si le père a payé le prix du remplacement ou de l'exonération de son fils tombé au sort, celui-ci en devra le rapport.

Il faut consulter le mobile qui a déterminé le père à acquitter cette dette.

S'il a agi dans son propre intérêt, en vue de conserver son fils dont l'assistance et les soins lui sont nécessaires, il a fait sa propre affaire.

Le fils ne sera tenu à rapport à aucun titre, ni comme donataire, ni comme débiteur.

7° Cautionnement. — Il faut supposer qu'un père a cautionné la dette de son fils dans l'intérêt de ce dernier.

A la mort du père, la dette est encore due ; évidemment, la succession souffre de l'obligation contractée par le *de cujus*, en vue de sauver le crédit de son fils.

Nous pensons que le fils débiteur pourra être contraint par ses frères de rembourser la dette, si elle est exigible, et, dans le cas contraire, de les garantir contre les poursuites du créancier.

3°. REMISE RÉSULTANT D'UN CONCORDAT. — Le concordat est un contrat intervenu entre le failli et ses créanciers par lequel ceux-ci le libèrent entièrement, moyennant l'acquit d'une portion de leur créance.

Supposons que le *de cujus* ait, dans un concordat consenti a l'un de ses successibles, fait remise de la moitié de sa créance ; ce successible devra-t-il rapporter l'intégralité de sa dette ou seulement la moitié qui reste encore due ?

Il faut consulter la nature et la raison déterminante du prêt fait au successible et se reporter à l'époque où il a eu lieu.

Ce prêt constitue-t-il un contrat à titre onéreux ou un contrat de bienfaisance ? L'intention des parties contractantes révèle seule sa véritable nature.

Si le père a fait le prêt dans l'intérêt exclusif de son fils, afin de le sauver de la ruine, l'opération intervenue est purement gratuite, la stipulation d'intérêts ne serait même pas de nature à modifier ce caractère du contrat.

L'acte serait, au contraire, à titre onéreux, si le père avait traité avec son fils comme il eut pu le faire avec un étranger, en vue de faire un bon placement.

Dans le premier cas, le fils a reçu une libéralité dont il devra rapporter le montant intégral.

Nous savons, en effet, qu'en matière de donations, il faut considérer l'importance de l'objet donné au moment de la donation et ne pas s'occuper des variations qui peuvent survenir dans la suite.

La remise consentie par le père n'a d'autre effet que celui de le mettre à l'abri des poursuites que les créanciers et les légataires de la succession voudraient exercer contre lui.

Si le prêt a eu lieu à titre onéreux, le point de vue change complètement.

Le père est devenu créancier de son fils lequel est devenu débiteur de son père; il n'existe pas entre eux d'autre relation. Cette relation peut être modifiée par toutes les circonstances qui sont de nature à influer sur l'existence ou la quotité de la créance. A l'époque du décès du père, le fils est tenu au rapport en sa qualité de débiteur; l'objet du rapport auquel il est soumis est donc égal au montant de sa dette. Comme il ne doit plus que la moitié de la dette primitive, il ne devra rapporter que cette moitié.

Mais n'est-il pas donataire de l'autre moitié dont remise lui a été faite par le concordat.

Le père n'a pas entendu, en consentant à cette remise, lui faire une libéralité; il a sacrifié une partie de sa créance pour sauver le reste; c'est son intérêt bien entendu qui l'a fait agir. Partant il n'y a pas de libéralité.

3° DONATIONS RÉSULTANT D'UN CONTRAT PASSÉ ENTRE LE DE CUJUS ET UN TIERS CHARGÉ D'EN RESTITUER LE BÉNÉFICE AU SUCCESSIBLE.

Nous avons établi plus haut le caractère indirect de ces libéralités et démontré par là même qu'elles tombaient sous l'application de l'article 843.

L'interposition consiste dans l'intervention d'un tiers, bénéficiaire en titre de la donation et secrètement chargé d'en restituer l'avantage au successible. L'importance de la restitution détermine le montant de la libéralité reçue par le successible ; si la restitution est intégrale, le rapport doit comprendre la totalité des choses qui ont fait l'objet du contrat.

Souvent il arrive que la personne qui donne ou vend une chose à un tiers stipule que ce tiers fournira tel objet ou telle somme à l'un de ses successibles.

Il importerait peu que l'objet livré par le tiers n'eut jamais appartenu au *de cujus*. Il est clair que le tiers ne s'intéresse pas en livrant cet objet et qu'il trouve au contraire son profit à exécuter la condition qui lui a été imposée.

C'est par la volonté formelle du *de cujus* que cet abandon a lieu ; s'il n'avait pas eu cette intention, il aurait certainement réduit la libéralité qu'il faisait au tiers ou stipulé de lui un prix supérieur.

Il résulte de l'explication que nous avons donnée des articles 847 et 849 que la preuve de l'interposition de personnes ne sera admise qu'exceptionnellement, dans les deux hypothèses prévues par ces articles.

1°. — RAPPORT DES LEGS.

Le rapport a pour second objet les legs faits par le *de cujus* à l'un de ses successibles.

Il faut appliquer aux legs les règles que nous avons établies, à propos des donations rémunératoires et onéreuses et de celles faites par personne interposée.

En principe tous les legs sont sujets à rapport : par exception, les legs universels en sont dispensés.

3°. — Rapport des dettes.

L'article 829 énonce en ces termes l'obligation du rapport des dettes.

« Chaque cohéritier fait rapport à la masse, suivant les règles qui seront ci-après établies des dons qui lui ont été faits et des sommes dont il est débiteur. »

Il résulte de cet article que le rapport des dettes est soumis aux mêmes règles que le rapport des dons.

Mais cette conséquence que les termes de la loi autorisent, est loin d'être vraie.

Le rapport des dettes repose comme le rapport des dons sur un double fondement : l'égalité et la présomption de volonté du *de cujus,*

Si le rapport des dettes n'avait pas lieu, la créance que le *de cujus* avait contre le successible serait réunie à la masse héréditaire et attribuée aux héritiers et le successible débiteur recueillerait sa part dans les biens de la succession.

Ses créanciers personnels viendraient primer les copartageants qui auraient reçu dans leur lot tout ou partie de la créance ou au moins concourir avec eux. C'est en vue de prévenir l'injustice de ce résultat que le rapport des dettes a été établi.

Il est d'ailleurs raisonnable de supposer que le *de cujus*, en prêtant à l'un de ses successibles, a en quelque sorte voulu lui avancer tout ou partie de sa part héréditaire. Cette considération a dû d'autant plus le déterminer que le recouvrement de sa créance se trouvait par la même garanti contre l'insolvabilité du successible.

Il faut, bien entendu, pour qu'il y ait lieu au rapport, que la dette existe encore au décès du *de cujus* ; l'obligation du rapport ne peut pas naître faute d'objet.

Toute dette est-elle susceptible de rapport ? Il faut distingner suivant la cause et l'origine de la dette.

Lorsque la dette est née d'un pret gratuit fait par le défunt au successible, elle est toujours sujette à rapport ; c'est une libéralité et toutes les libéralités sont toujours rapportables.

La dette derive-t-elle, au contraire, d'un contrat à titre onéreux loyalement formé entre le *de cujus* et l'un de ses successibles, il faut sous-distinguer :

Le successible a-t-il un intérêt appréciable à ne pas rapporter sa dette, il n'en doit pas le rapport.

Il est tenu au rapport, s'il n'y a pas d'intérêt.

Cette distinction ressort clairement de la comparaison et et de la mise en harmonie de l'article 853 avec l'article 829.

L'article 829 dit : le cohéritier fait rapport à la masse des sommes dont il est débiteur.

L'exécution du rapport suppose l'obligation du rapport : or, cette obligation n'existe pas à l'égard des profits que le successible a pu retirer des conventions conclues entre lui et son auteur (853), donc les dettes qui constituent encore à l'époque de l'ouverture de sa succession des profits, c'est à dire les dettes qui ne sont pas exigibles, ne devront pas être rapportées.

Elles figureront à la masse avec les autres créances de la succession.

L'intérêt qne le successible a à ne pas rapporter, résulte

uniquement de la non exigibilité de la dette. Si la dette est échue, il doit la payer, et il se libère en moins prenant.

Si le contrat à titre onéreux n'avait pas été formé entre le *de cujus* et le successible, mais entre le successible et un tiers dont le *de cujus* serait devenu plns tard l'héritier ou le cessionnaire, la distinction devrait-elle être maintenue ?

On l'a contesté, en s'attachant à la lettre de l'art, 853 qui suppose la convention intervenue directement entre le *de cujus* et le successible. Mais si les termes de la loi ne s'appliquent pas à cette espèce, l'esprit de la loi estéminemment favorable à leur extension.

Le successible n'eût pas été tenu au rapport des dettes non exigibles résultant de la convention, s'il avait succédé au tiers avec lequel il a traité.

Or, le *de cujus* est l'ayant-cause de ce tiers; il ne saurait, partant, avoir plus de droits, et la convention serait violée si le successible pouvait être privé du bénéfice du terme.

Il faut donc traiter ces sortes de dettes comme celle dérivant de contrats intervenus entre le *de cujus* et son successible.

L'obligation du rapport ne s'applique-t-elle qu'aux dettes du successible envers le *de cujus* ? Ne frappe-t-elle pas les dettes nées postérieurement à l'ouverture de la succession, et dont un héritier peut être tenu envers ses cohéritiers?

Il s'écoule toujours un délai assez long entre l'époque du décès du *de cujus* et celle du partage.

Dans cet intervalle, les héritiers touchent les revenus des biens et des capitaux, perçoivent les fruits, acquittent les intérêts des dettes, en un mot administrent et gèrent les biens de l'hérédité.

Au moment du partage, chaque héritier fait et présente le compte de sa gestion ; si l'un d'eux est constitué débiteur par son compte, sera-t-il soumis au rapport comme les débiteurs du défunt ?

Nous le pensons en vertu des articles 828 et 829.

L'article 828 indique les diverses opérations dont l'ensemble constitue le partage de la succession ; au nombre de ces opérations figure l'établissement des comptes que les copartageants peuvent se devoir.

L'art. 829 ajoute : Chaque cohéritier fait rapport des sommes dont il est débiteur. Or, les héritiers peuvent être débiteurs en vertu des comptes par eux rendus comme en vertu de titres antérieurs au décès du *de cujus ;* donc l'article 829 visé par sa généralité toutes les dettes dont les héritiers peuvent être tenus les uns envers les autres, quelles que soient leur origine et leur cause.

Ce règlement est manifestement équitable. Il assure l'égalité entre les héritiers, puisque si le rapport de la dette n'a pas lieu en nature , les cohéritiers , à qui ce rapport est dû, sont autorisés à prélever pareille somme. Ceux-ci ne subissent pas les risques de l'insolvabilité du débiteur.

Nous avons déterminé les dettes sujettes à rapport ; il reste à signaler quelques conséquences qui découlent de l'application des règles du rapport aux dettes.

La dette devient exigible dès l'instant de l'ouverture de la succession : l'exigibilité résulte de l'article 850, qui porte que le rapport se fait à la succession du *de cujus.*

Il n'y a pas à distinguer si la dette est ou non supérieure à la part héréditaire du successible débiteur : il doit le rapport de l'intégralité de sa dette, et cette obligation prend naissance dès l'ouverture de la succession.

Elle produit des intérêts à compter de la même époque (856).

Terminons cette matière en indiquant deux différences essentielles entre le rapport des dons et celui des dettes.

1° Le successible donataire ou légataire peut conserver les dons et legs à lui faits jusqu'à concurrence de la quotité disponible en renonçant à la succession ; le successible débiteur ne peut pas, en renonçant, se dispenser de payer les sommes qu'il doit.

2° Le rapport des dons ne profite pas aux créanciers ; le rapport des dettes peut être exigé par eux.

2° Quelles choses sont dispensées du rapport par la loi ?

A côté de la règle générale posée dans l'article 843, la loi a indiqué plusieurs exceptions.

L'article 852 les énonce en ces termes :

« Les frais de nourriture, d'entretien, d'éducation, d'ap- » prentissage, les frais ordinaires d'équipement, ceux de » noces et présents d'usage, ne doivent pas être rapportés. »

Ces exceptions participent de la généralité de la règle qu'elles ont pour but de modifier. Ce point résulte des termes absolus de notre article : *ne doivent pas être rapportés* : or, le rapport est dû par tout héritier : donc tout héritier est exempt de rapporter les objets qui ne sont pas susceptibles de rapport.

Tenons donc pour certain que les exceptions peuvent être invoquées par les successibles de la ligne collatérale, comme par ceux de la ligne directe.

Quel est le fondement de ces exceptions ?

Le législateur a considéré qu'il n'est pas dans la nature de ces dépenses d'appauvrir le patrimoine de celui qui les fait, ni d'enrichir le patrimoine de celui en faveur de qui elles sont faites. En exiger le rapport, c'eût été traiter avec trop de rigueur le successible qui se serait vu privé d'une portion considérable de ses droits héréditaires, sans compensation ou équivalent appréciable.

Les cohéritiers n'éprouvent aucun préjudice parce que ces dépenses sont généralement faites avec les revenus et que le *de cujus* les aurait dissipés d'une autre manière, *lautius vivendo*.

Que de contestations n'eût pas soulevées l'appréciation de ces frais qui sont faits jour par jour, à l'insu des tiers, et sans laisser la moindre trace.

Le législateur a pris en considération ces raisons qui militaient si puissamment en faveur de la dispense du rapport de ces sortes de dépenses.

On a proposé d'expliquer l'article 852 en le rattachant à l'article 203. Cette explication est inadmissible.

D'abord, l'article 203 est étranger aux collatéraux qui sont cependant dispensés de rapporter, ainsi que nous l'avons prouvé, les dépenses énumérées dans l'article 852.

Puis, cette interprétation conduit à des conséquences inacceptables. Si la dispense de rapport résulte de l'obligation qui incombait au *de cujus*, il s'ensuit naturellement que la dispense cesse avec l'obligation. Dès lors, si l'enfant a des revenus personnels suffisants pour faire face à ses dépenses d'entretien, de nourriture, etc., et que cependant le père les ait acquittées, bien qu'il n'en fut pas tenu, le rapport en sera dû par le fils.

Cette décision est contraire au texte qui ne distingue aucunement et dispense les frais d'entretien, nourriture, etc., de rapport.

Il faut reconnaître que si le père avait avancé ces dépenses, sans les prendre à sa charge et dans le but de les répéter un jour contre son fils, celui-ci serait obligé de lui en tenir compte.

Il n'y a pas à distinguer si les dépenses n'étaient pas en proportion avec la fortune du défunt ; il ne servirait en rien d'établir que ses revenus étaient insuffisants pour les couvrir et qu'il a du y affecter une portion plus ou moins forte de son capital.

L'article 852 est trop net pour comporter aucune exception : il ne dit pas les frais ordinaires, mais simplement *les frais*.

On objecte que l'inégalité qui pourra exister entre deux enfants, dont l'un avait reçu une brillante éducation et l'autre a été négligé à cet égard, est contraire à l'intention du père.

Il est facile de répondre que le défunt en faisant des frais considérables pour l'instruction de son fils a voulu le dispenser du rapport, puisqu'il savait que les frais de cette nature sont d'eux-mêmes dispensés du rapport.

Il faut et il suffit que les dépenses faites soient réellement des dépenses de nourriture, d'entretien, d'éducation, d'apprentissage. Dès que les juges ont reconnu ce caractère,

leur mission est accomplie, la loi a fait le reste, en dispensant ces dépenses du rapport dans tous les cas.

Il est nécessaire que les frais soient faits au décès du *de
cujus*. Il n'y aurait donc pas lieu d'appliquer la dispense de
rapport au legs fait à un successible pour l'une des causes
indiquées dans l'article 852. Il importe peu que les frais ne
soient pas encore acquittés à la même époque ; ils seront à
la charge de la succession.

Aucune difficulté d'appréciation ne peut s'élever sur le
sens et la portée des frais de nourriture et d'entretien.

Sont compris parmi les frais d'éducation : Les livres et
instruments nécessaires, les prix des pensions et honoraires
des professeurs, les frais faits pour l'obtention des diplômes
et divers grades sans distinction.

Les frais d'apprentissage sont les frais d'une éducation
spéciale. Le mot doit être pris dans un sens général et s'appliquer au stage nécessaire pour exercer une profession li-
bérale aussi bien qu'à l'apprentissage proprement dit pour
faire un métier

Les frais d'équipement comprennent les frais faits pour
le successible qui entre au service militaire.

Les frais de noces sont plutôt faits par honneur pour la
famille que pour le bien de celui qui en est l'occasion, dit
Denisart.

Par présents d'usage, le Code entend non seulement les
présents de noces, mais encore les cadeaux que les parents
ont coutume de faire à certaines époques de l'année.

C'est surtout à l'égard des présents faits à l'occasion des
mariages qu'il importe de bien déterminer le caractère du
don, afin de reconnaître s'ils constituent des présents d'usage

dispensés comme tels du rapport, ou de véritables libéralités sujettes à rapport.

Le trousseau donné au successible qui se marie, est-il un présent d'usage ? Le trousseau comprend les habits nuptiaux, les bagues et bijoux, les draps, serviettes, lits, etc. La solution de ce point dépend des circonstances qui ont accompagné le don.

Il faut prendre en considération la fortune des parties, l'importance de la dot et s'attacher principalement au mode employé pour réaliser le don.

Il y aurait évidemment lieu au rapport, du trousseau si le *de cujus* avait dans le contrat de mariage déclaré constituer outre la dot, un trousseau de ..... dans ce cas, le trousseau fait partie de la constitution dotale et, est par là même sujet à rapport.

Nous avons expliqué les diverses exceptions énumérées dans l'article 852 ; l'article 856 affranchit du rapport certaines autres choses.

« Les fruits et les intérêts des choses sujettes à rapport ne » sont dus qu'à compter du jour de l'ouverture de la suc- » cession. »

Il en résulte *a contrario* que les fruits et intérêts produits avant l'ouverture de la succession sont dispensés du rapport. Deux raisons motivent cette dispense de rapport.

1º Le défaut d'enrichissement du successible.

2º Et le défaut d'appauvrissement du donateur.

Les fruits et revenus sont choses aussitôt dispensées que perçues ; le successible les a consommés au fur et à mesure que ses besoins se présentaient.

Mais, dit-on, le successible, en profitant de ces revenus, a pu faire des économies. Cela serait vrai, si la dépense ne montait pas en proportion des revenus.

Le *de cujus* eût lui-même dissipé ces intérêts et fruits et ne les eut pas capitalisés.

La présomption de volonté du *de cujus* est ici très favorable à la disposition du rapport.

La donation serait dépourvue de sens et ne constituerait qu'une charge onéreuse incombant au donataire, si celui-ci ne devait pas profiter des fruits.

Les fruits de la chose donnée, produits avant le décès du *de cujus*, appartiennent exclusivement au successible donataire. Celui-ci se trouve dans une situation identique à celle d'un usufruitier dont l'usufruit vient de s'éteindre. Il est obligé de restituer le capital, mais il conserve les fruits. Il y a donc toute raison d'appliquer à notre hypothèse les règles qui régissent l'acquisition par l'usufruitier des fruits naturels et civils.

Les fruits naturels perçus et les fruits civils échus avant le décès du *de cujus* appartiendront donc au successible. Il devra rapporter les fruits naturels non perçus et les fruits civils nons échus à cette époque.

L'acceptation de l'héritier, opère la résolution de la donation et fait rentrer le bien donné dans la succession. Les fruits et intérêts que le bien produirait y rentrent avec lui à titre d'accessoires.

Il suit de là que le successible ne doit les fruits que si la chose est frugifiée.

Le rapport des fruits et intérêts est dû, quel que soit le mode de rapport, en nature et en moins prenant.

Si le rapport a lieu en nature, le successible rapporte l'immeuble tel qu'il est à l'époque du partage avec les fruits dont il est couvert.

Faut-il appliquer, dans ce cas, l'article 585 : nous ne le pensons pas. La succession doit tenir compte au successible des impenses qu'il a faites, des frais de labour et semence.

1° QUELS AVANTAGES SONT DISPENSÉS DU RAPPORT PAR LA VOLONTÉ DU DISPOSANT.

Nous avons étudié les trois conditions dont le concours est indispensable pour l'application de la règle générale du rapport. Nous supposons que l'un des successibles a reçu du *de cujus* une libéralité susceptible de rapport. Il faut déterminer dans quels cas il sera dispensé du rapport.

Le disposant peut, aux termes du second alinéa de l'article 843, dispenser du rapport le successible qu'il a gratifié; mais il ne peut le dispenser que dans la limite de la quotité disponible. Si donc le don ou le legs fait avec dispense de rapport dépasse la quotité disponible, l'excédant est sujet à *rapport* (art. 844).

Cette expression de la loi a été critiquée : on a prétendu qu'il y avait lieu à réduction et non à rapport. Ces critiques ne nous paraissent pas fondées.

L'article 843 soumet au rapport tous les dons et legs qui n'en ont pas été expressément dispensés.

L'art. 844 restreint ce qu'il y avait d'exagéré dans l'art. 847, en limitant la validité de la dispense à la quotité disponible. Donc, les biens donnés qui excèdent la quotité disponible ne peuvent pas être valablement dispensés du rapport et y sont, par conséquent, soumis. Il faut en conclure que les règles du rapport sont applicables à l'exécution de la remise de l'excédant.

Il va sans dire que pour déterminer la portion disponible il sera d'abord nécessaire de recourir aux principes de la réduction : Quand l'excédant aura été de la sorte évalué, il sera rapporté suivant les règles de notre section.

Si le disposant peut dispenser du rapport, il peut à *fortiori*, modifier l'exécution du rapport et exiger un rapport en moins prenant au lieu d'un rapport en nature.

En quelle forme doit être faite la dispense de rapport ?

L'art. 843 porte : à moins que les dons et legs ne lui aient été faits expressément par préciput et hors part ou avec dispense de rapport.

L'art. 919 s'exprime ainsi : pourvu que la disposition ait été faite expressément à titre de préciput ou hors part.

Il ne faut pas prendre à la lettre le mot : *expressément*, qui se trouve dans ces articles : il n'est pas nécessaire que la dispense de rapport résulte d'une déclaration spéciale. Il faut et il suffit que l'intention du disposant soit claire et évidente : Pour reconnaître cette volonté, il y a lieu d'interroger l'acte.

L'intention du disposant peut résulter :

1° D'une déclaration formelle.

2° De l'ensemble et du rapprochement des diverses clauses de l'acte.

3° Et de la nature de la disposition.

La déclaration spéciale de dispense peut être formulée indifféremment; aucune expression n'est dans notre droit sacramentel.

Les dispositions universelles faites par le *de cujus* à l'un de ses successibles sont dispensées du rapport. Le disposant a clairement manifesté sa volonté d'exclure les autres héritiers et de lui attribuer tout l'émolument de sa succession. Quand bien même la volonté du disposant serait trompée par la présence d'héritiers réservataires, le rapport n'aurait pas lieu.

Ceux-ci n'auraient qu'une action à réduction à intenter contre le successible donataire ou légataire.

Les partages d'ascendants impliquent par leur nature une dispense de rapport. Les enfants ne seraient donc pas admis à se demander respectivement le rapport des biens qui ont composé leurs lots. En effet, ce rapport aurait pour résultat d'anéantir le partage et de rétablir l'indivision entre les enfants.

L'ascendant qui fait le partage de ses biens veut certainement faire un partage définitif; il a donc entendu dispenser les descendants du rapport des biens qui leur seraient attribués, les leur donner ou léguer par préciput.

Le don ou legs de la quotité disponible est-il virtuellement dispensé du rapport? Il serait bien hardi, ce nous semble, d'ériger l'affirmative en principe. La présomption de faire une libéralité préciputaire qui ressort des termes employés par le disposant, devrait être corroborée par les éléments de l'acte.

Les dispositions faites à charge de substitution au profit des enfants nés et à naître, conformément aux articles 1048 et 1049, sont incontestablement dispensées du rapport.

La dispense de rapport peut être faite dans l'acte de donation, ou dans le testament, ou dans un acte postérieur. Lorsqu'elle est contenue dans un acte postérieur, cet acte doit être revêtu des formes de la donation ou du testament (919). La dispense de rapport constitue, en effet, une libéralité nouvelle.

La dispense exprimée dans le contrat à titre onéreux qui renferme une libéralité indirecte au profit d'un successible est valable. Elle est alors un des avantages constitutifs de la libéralité, un de ses éléments ; si la libéralité est valable, la dispense doit l'être également.

Puisqu'il faut que la dispense soit expresse et résulte de l'acte qui contient la disposition ou d'un acte postérieur, elle ne saurait se tirer des circonstances extrinsèques. La Jurisprudence admet cependant la preuve de l'intention de dispenser du rapport, par témoins et par présomptions. Il suit de cette jurisprudence que la donation légale est moins bien favorisée que la donation indirecte.

QUATRIÈME PARTIE.

COMMENT S'OPÈRE LE RAPPORT.

Il reste à tracer les règles qui gouvernent l'exécution du rapport ; avant de les indiquer, il importe d'en déterminer l'étendue.

S'appliquent-elles également au rapport des legs, des dons et des dettes ? Ne faut-il pas au contraire faire certaines distinctions suivant que le rapport a l'une ou l'autre de ces causes.

Certains auteurs prétendent que l'obligation du rapport des legs a pour effet d'anéantir la disposition et de la faire considérer comme non avenue. Suivant ce système, le rapport des legs a toujours lieu en nature et la chose léguée demeure dans la succession comme si le legs n'avait pas eu lieu. Ces auteurs invoquent à l'appui de leur opinion le texte de la loi.

Le second alinéa de l'article 843 porte que l'héritier ne peut *réclamer* les legs à lui faits sans dispense de rap port. Puisque l'héritier ne peut pas réclamer le legs, il s'en suit que le rapport des legs se fait en nature.

Ce raisonnement repose sur une méprise.

Le premier alinéa pose en principe l'obligation du rapport des dons : le second étend cette obligation aux legs et la restreint dans les deux cas à l'hypothèse où il n'y pas eu dispense.

Ces expressions : *ne peut réclamer*, signifient que l'héritier ne peut pas s'approprier le legs qui lui a été fait à l'exclusion de ses cohéritiers , en un mot, qu'il est soumis au rapport de son legs.

Mais l'article ne règle pas le mode suivant lequel le rapport des dons et des legs devra s'opérer. Les expressions dont il se sert à l'égard de dons seraient inexactes à ce point de vue. Nous verrons en effet qu'il est des hypothèses ou l'héritier peut retenir le don à lui fait.

Les Rédacteurs du Code n'ont pas fondé deux théories distinctes de rapport, l'une relative aux dons et l'autre aux legs ; leur système est un, et les règles qui le constituent, doivent s'appliquer à toutes les hypothèses qui peuvent se présenter.

Le principe qui sert de base au rapport des legs est le même que celui sur lequel repose le rapport des dons ; les exceptions que souffre ce principe, sont les mêmes. Pourquoi cette identité n'existerait-elle pas au point de vue de l'exécution du rapport.

On objecte qu'il n'est question dans les articles du Code que du rapport des objets donnés. Le fait est vrai, mais facile à expliquer. Les Rédacteurs ont puisé la plupart des dispositions de notre section dans les coutumes de Paris et d'Orléans, qui ne traitaient que du rapport des dons. N'admet-on pas d'ailleurs qu'il faille, dans d'autres articles et notamment dans l'article 850, suppléer à l'insuffisance du texte.

Le rapport s'opère en nature ou en moins prenant (art. 858.)

Le rapport en nature consiste dans la remise réelle de la chose donnée ou léguée dans la masse des biens de la succession. Le bien rapporté est dès lors considéré comme n'étant jamais sorti du patrimoine du défunt.

Lorsque le rapport a lieu en moins prenant, l'héritier conserve la chose qui lui a été donnée ou léguée; mais ses cohéritiers prélèvent une portion égale sur la masse de la succession (art 830.)

Il est dans le vœu de la loi que les prélèvements s'opèreut en objets de même nature, qualité et bonté que les objets sujets à rapport.

Ce n'est qu'à titre héréditaire que l'héritier conserve la chose donnée ou léguée : il s'en suit que si la valeur de cette chose excède sa part, il devra remettre l'excédant à ses cohéritiers.

Il faut maintenant préciser les cas dans lesquels le rapport s'opère en nature et ceux dans lesquels il a lieu en moins prenant.

Le mode d'exécution du rapport dépend de la nature de l'objet rapporté.

Si l'objet est un immeuble, le rapport s'en fait en principe en nature et par exception en moins prenant.

Si l'objet est un meuble, le rapport s'en fait en moins
prenant.

1° DU RAPPORT DES IMMEUBLES.

L'article 859 règle le rapport des immeubles comme il
suit :

« Le rapport peut-être exigé en nature, à l'égard des
» immeubles, toutes les fois que l'immeuble donné n'a pas
» été aliéné par le donataire et qu'il n'y a pas dans la suc-
» cession d'immeubles de même nature, valeur et bonté
» dont on puisse former des lots à peu près égaux, pour
» les autres cohéritiers. »

Comme les deux circonstances dans lesquelles le rapport
des immeubles se fait en moins prenant présentent un ca-
racactère tout a fait exceptionnel, il est vrai de dire qu'en
principe le rapport des immeubles s'opère en nature.

Ce résultat est commandé par la logique.

Le donateur de l'immeuble en était propriétaire sous la
condition résolutoire, s'il vient à la succession du donateur ; de son côté, le défunt en était propriétaire, sous la
condition suspensive si le donataire vient à sa succession.
L'événement qui faisait l'objet de l'une et l'autre condition
s'est réalisé. Le droit de propriété du donataire a été
résolu et celui du *de cujus* s'est consolidé ; par suite de la
rétroactivité attachée à la réalisation de ces conditions, le
donataire est censé n'avoir jamais eu la propriété de l'immeuble et le défunt n'en avoir jamais perdu la propriété.

L'immeuble lui-même devait donc être remis dans la
succession.

Le donataire a contracté en acceptant la donation l'obligation tacite de rapporter l'immeuble sous la condition suspensive, s'il vient à la succession. La condition s'est accomplie et il est devenu débiteur de l'immeuble du jour de l'ouverture de la succession.

Nous allons tirer de ces principes des conséquences importantes :

1° L'immeuble qui a péri par cas fortuit et sans la faute du donataire, n'est pas sujet à rapport (855).

S'il a péri avant l'ouverture de la succession, la propriété n'a pas été résolue et l'obligation conditionnelle du rapport n'a pas pu naître, faute d'objet, au moment de la réalisation de la condition.

Si l'immeuble a péri depuis le décès du *de cujus*, la perte en est supportée par la succession ; l'immeuble est aux risques et périls de celui qui en est propriétaire, et le débiteur d'un corps certain est libéré par la perte fortuite.

Il faut, bien entendu, que la perte ait été purement fortuite ; le fait seul du successible l'engagerait.

La faute ou le fait des ayant-cause du donataire produirait le même effet (art. 863).

On n'est pas d'accord sur l'étendue de la responsabilité qui incombe au donataire.

Des auteurs soutiennent que le donataire est responsable de l'incendie de la maison donnée qu'il habite, conformément à l'article 1733.

Il nous paraît sage de distinguer suivant l'époque à laquelle a eu lieu l'incendie,

S'il a éclaté avant le décès, l'obligation de rapporter l'immeuble n'a pas pris naissance faute d'objet ou n'a pu naître que pour les débris ; c'est aux demandeurs en rapport qui prétendent que l'incendie est imputable au donataire, à établir ce fait.

S'il a éclaté après le décès, le successible doit prouver qu'il est complétement étranger à l'incendie. Faute de faire cette preuve, il tiendra compte à ses cohéritiers de la valeur de la maison avant le sinistre.

L'incendie n'est pas, suivant nous, un cas nécessairement fortuit ; il est même trop souvent volontaire.

2° L'héritier doit rapporter l'immeuble dans l'état où il se trouve à l'ouverture de la succession.

Les améliorations naturelles profitent à la succession qui subit les détériorations fortuites.

Mais il y a lieu de procéder au règlement des améliorations et des détériorations qui proviennent du fait du donataire.

Il faut distinguer quatre catégories de dépenses :

1° *Les dépenses d'entretien* — Ces sortes de dépenses ne peuvent pas être répétées par le donataire qui en est tenu comme un usufruitier.

2° *Les dépenses nécessaires* — Le donataire doit être remboursé des sommes qu'il a dépensées pour la conservation de l'immeuble (862). Il| importerait peu que les dépenses n'aient point procuré une amélioration apprèciable au fonds ; elles l'ont conservé. En principe, les dépenses nécessaires devront être intégralement restituées ; toutefois, si la dépense était excessive, déraisonnable, il serait juste de lui faire subir une réduction.

3° *Les dépenses utiles*. — Le donateur ne peut réclamer le remboursement des dépenses utiles que jusqu'à concurrence de la plus-value qu'elles ont donnée au fonds. Si la dépense excède la plus-value, ce qui sera le cas le plus fréquent, le donataire supportera la perte de l'excédant. Si, au contraire, la plus-value dépasse la dépense, il n'aura pas droit à cet excédant, et il n'obtiendra que ce qu'il a déboursé. Il suffit, en effet, qu'il soit complètement indemne.

4° *Les dépenses voluptuaires*. — Ces dépenses demeurent à la charge du successible donataire. On lui reconnaît le droit d'enlever les ouvrages qu'il a faits pour son agrément, a la condition de laisser l'immeuble dans son état primitif.

S'il est juste d'indemniser le donataire des améliorations qu'il a procurées au fonds, il n'est pas moins juste de le rendre responsable des dégradations et des détériorations provenant de son fait.

A quelle époque faut-il se placer pour estimer et évaluer les améliorations et les détériorations survenues par le fait du donataire ?

Est-ce à l'instant de l'ouverture de la succession ? est-ce au temps du partage ?

On soutient que c'est au moment du partage qu'il faut considérer l'immeuble, afin de déterminer la plus-value ou la moins-value. On invoque, en ce sens, l'article 861 qui porte qu'il faut avoir égard à ce dont la valeur de la chose donnée se trouve augmentée *au temps du partage*. On ajoute que ce principe était suivi dans notre ancien droit où le rapport de l'immeuble se faisait eu égard à sa valeur au temps du partage. Cela est naturel : c'est au moment de la formation des lots que les biens de la succession sont estimés : il en doit être de même des biens rapportés qui font partie de la masse partageable.

Ces arguments nous paraissent dénués de force.

L'art. 860, prévoyant le cas où l'immeuble a été aliéné, dispose que le rapport est dû de la valeur de l'immeuble à l'époque de l'ouverture.

Dans cette hypothèse, il faut évidemmeut apprécier à la même époque l'augmentation ou la diminution de valeur qui est résultée du fait du donataire; de cette appréciation, dépend, en définitive, le montant de la valeur qui sera rapporté.

Dans la rédaction primitive de cet article, l'époque à laquelle l'immeuble devrait être estimé n'était pas indiquée. Il résultait des premiers mots de l'article 861 *dans tous les cas*, c'est à dire que le rapport ait lieu en nature ou en moins prenant, que la valeur de l'immeuble devait être fixée au temps du partage.

C'était la consécration de l'ancien droit.

Les rédacteurs abandonnèrent ce point de vue et édictèrent dans l'article 860 la règle contraire. Ils ont omis de modifier en ce sens le texte de l'article 861, mais aucun doute ne reste sur leur pensée.

Il faut remarquer que ces questions d'indemnité réciproque entre le donataire et la succession se rattachent intimement à l'obligation du rapport dont elles supposent l'existence. Elles ont pour effet d'aggraver ou d'amoindrir cette obligation. Il suit de là que si cette obligation n'a pas pris naissance par suite de la perte fortuite de l'immeuble, aucune indemnité ne peut être due au donataire ni à la succession pour améliorations ou détériorations. Il ne faudrait pas même faire une exception pour les dépenses nécessaires.

Le donataire a par le fait amélioré ou dégradé son propre bien.

Le Code accorde au donataire une garantie particulière pour le recouvrement des indemnités qui peuvent lui être dues par la succession.

Le cohéritier qui fait le rapport en nature des immeubles, dit l'article 867, peut en retenir la possession jusqu'au remboursement effectif des sommes qui lui sont dues pour impenses.

Il était juste de dispenser l'héritier d'exécuter l'obligation du rapport au profit de son cohéritier qui refusait de remplir envers lui l'engagement dont il était tenu. L'héritier jouit donc d'un droit de rétention : s'il en use, il peut retenir l'immeuble jusqu'à ce qu'il soit entièrement indemnisé. Il n'a pas, comme dans l'ancien droit, la faculté de faire un rapport en moins prenant, en conservant l'immeuble, c'est-à-dire d'imputer sur sa part l'estimation de cet immeuble, déduction faite de ses dépenses.

Le rapport doit toujours avoir lieu en nature, son exécution seule peut être différée par suite du mauvais vouloir des cohéritiers.

3° Lorsque le rapport se fait en nature, les biens se réunissent à la masse de la succession francs et quittes de toutes charges créés par le donataire (865).

C'est la conséquence immédiate de la résolution rétroactive de la donation. Le successible, propriétaire sous condition résolutoire, n'a pu transférer que les droits qui lui appartenaient ; ces droits tombent si son droit de propriété s'évanouit.

Nous verrons que la loi a fait brèche à cette règle, en validant l'aliénation de l'immeuble consentie par le donataire.

En quel sens faut-il entendre le mot *charges* ? La loi a-t-elle entendu viser simplement les hypothèques ? Respecte-t-elle les constitutions d'usufruit, d'usage et les servitudes ?

Il nous paraît certain que le mot *charges* comprend tous ces droits réels. Le texte le prouve d'abord, par sa généralité même, *toutes charges*.

On ne peut nier que l'usufruit et les servitudes ne soient des charges de l'immeuble.

Les Rédacteurs n'ont d'ailleurs fait que reproduire une règle de l'ancien droit. Pothier nous apprend que l'immeuble rapporté en nature rentrait dans la succession sans charge des hypothèques, servitudes ou autres droits. Cette décision est en harmonie avec l'esprit de notre Code qui n'est guère favorable au maintien des charges qui grèvent la propriété.

Il résulte des premiers mots de notre article que c'est seulement lorsque le rapport a lieu en nature que les charges s'évanouissent.

Si donc le rapport s'en fait en moins prenant elles continuent de subsister.

Même dans le cas d'un rapport en nature, si l'immeuble tombe dans le lot de l'héritier qui l'a rapporté, ces charges ne sont pas résolues.

La résolution est relative, établie qu'elle est exclusivement dans l'intérêt des cohéritiers du donataire : Celui-ci ne doit pas être admis à en invoquer le bénéfice.

Le rapport des immeubles a lieu en moins prenant dans quatre cas :

1° Lorsque le donataire a aliéné l'immeuble avant l'ouverture de la succession, 860.

Le rapport est dû dans ce cas de la valeur de l'immeuble à l'époque de l'ouverture.

Le Code maintient et respecte l'aliénation que le donataire a faite de l'immeuble, sans égard au caractère de l'aliénation. Il n'y a pas à distinguer si elle a eu lieu à titre gratuit ou onéreux. Il faut seulement que la date de l'aliénation soit antérieure à l'ouverture de la succession.

Cette règle existait dans notre ancien droit où les rédacteurs l'ont puisée. Elle s'inspire principalement de l'intérêt public qui aurait gravement à souffrir de la mise hors du commerce des biens donnés aux successibles.

Les tiers acquéreurs de l'immeuble ne peuvent jamais être inquiétés. L'héritier, vendeur, serait dans l'impossibilité de faire un rapport en moins prenant et insolvable, tant pis pour les cohéritiers.

L'objet du rapport consiste dans la valeur de l'immeuble aliéné au moment de l'ouverture de la succession. Il suit de là que si l'immeuble a péri avant cette époque, le rapport n'est pas dû. Il s'ensuit encore que s'il a péri après cette époque, le rapport n'en continue pas moins d'être dû. L'obligation qui a pris naissance a pour objet une somme d'argent, une quantité, or, *genera non pereunt*.

La vente de l'immeuble est à l'égard des cohéritiers du donataire *res inter alios acta*, qu'ils sont, il est vrai, obligés de subir, mais en ce sens seulement qu'ils ne pourront pas exiger le rapport en nature.

L'article 864 dispose que les améliorations et les détériorations faites par l'acquéreur seront imputées suivant les règles que nous avons indiquées.

Le donataire répond et profite des faits de son acheteur. Il en est censément l'auteur.

Notre article ne prévoit que l'hypothèse d'une aliénation volontaire : C'est ce qui ressort à l'évidence de ces expressions : *Quand le donataire a aliéné...*

Si l'aliénation a été forcée, contrainte, soit que l'expropriation, pour cause d'utilité publique de l'immeuble ait été prononcée, soit que la licitation en ait été provoquée par un copropriétaire, le donataire ne doit le rapport que du prix qu'il a reçu.

Débiteur d'une somme, il ne sera pas libéré par la perte fortuite de l'immeuble.

2° Lorsqu'il y a dans la succession des immeubles de même nature, valeur et bonté dont on puisse former des lots à peu près égaux pour les autres cohéritiers (art. 859).

Dans ce cas, le rapport n'a point nécessairement lieu en moins prenant : L'héritier a seulement la faculté de se soustraire au rapport en nature ; il lui est dès lors permis d'y renoncer et de faire le rapport de l'immeuble lui-même (art. 859).

Si l'héritier use de la faculté que lui donne notre article, il y aura lieu d'estimer l'immeuble sujet à rapport. Nous rencontrons ici une exception au principe d'après lequel l'immeuble rapporté doit être estimé à l'époque de l'ouverture de la succession. Pour comparer la valeur de cet immeuble à celle des autres immeubles de la succession, il faut en faire l'appréciation au même temps et par conséquent au temps du partage, puisque les autres immeubles sont estimés à cette époque.

3° Lorsque l'immeuble a péri par le fait ou la faute du donataire.

La perte de l'immeuble rend le rapport en nature impossible ; mais comme cette perte est imputable au donataire, celui-ci devra rapporter la valeur que, selon toute probabilité, l'immeuble aurait au décès du *de cujus*.

4. Lorsque le disposant a imposé le rapport en moins prenant. L'objet du rapport consiste alors dans une somme déterminée, qui est et demeure invariable, sans que le donataire puisse en être libéré par la perte de l'immeuble.

Il faut maintenant expliquer la décision de l'art. 866 auquel nous avons renvoyé plus haut.

Il est ainsi conçu :

« Lorsque le don d'un immeuble fait à un successible
» avec dispense de rapport excède la portion disponible, le
» rapport de l'excédant se fait en nature, si le retranche-
» ment de cet excédant peut s'opérer commodément. Dans
» le cas contraire, si l'excédant est de plus de moitié de la
» valeur de l'immeuble, le donataire doit rapporter l'im-
» meuble en totalité, sauf à prélever sur la masse la valeur
» de la portion disponible. Si cette portion excède la moitié
» de la valeur de l'immeuble, le donateur peut retenir
» l'immeuble en totalité, sauf à moins prendre et à récom-
» penser ses cohéritiers en argent ou autrement. »

L'hypothèse est bien simple.

Un immeuble dont la valeur excède la quotité disponible est donné par préciput à un héritier réservataire ; comment se fera le rapport de l'excédant.

L'article fait une distinction :

Ou le retranchement de l'excédant peut s'opérer commodément, ou, au contraire, ce retranchement ne peut pas s'opérer commodément.

Dans le premier cas, le rapport se fait en *nature*. Il ne faut pas prendre à la lettre ces expressions : la loi a indiqué ce mode parce qu'il est le mode le plus fréquent du rapport des immeubles.

L'idée des Rédacteurs est d'assujettir le rapport de l'excédant aux règles du droit commun. Ce rapport aura donc lieu en principe en nature et par exception en moins prenant.

Dans le second cas, la loi fait une sous-distinction. L'excédant est-il supérieur ou inférieur à la valeur de la portion disponible ?

Si l'excédant est inférieur à la portion disponible, le donataire conservera l'immeuble tout entier; si cet excédant est supérieur, il rapportera l'immeuble entier.

Dans la première hypothèse, le donataire devra moins prendre et récompenser ses cohéritiers en argent ou autrement ; dans la seconde, il aura le droit de prélever des biens jusqu'à concurrence de la quotité disponible.

Les termes de l'article 866 sont précis ; il n'y est question que de la comparaison de la valeur de la portion disponible avec la valeur de l'excédant.

Des auteurs ont cependant soutenu qu'il fallait réunir la valeur de la portion disponible et celle de la réserve du donataire ; c'est faire trop bon marché du texte, dans un cas exceptionnel.

Supposons que la valeur de la portion disponible soit précisément égale à la valeur de l'excédant. Nous ne sommes plus dans l'hypothèse prévue et réglée par la loi : nous retombons sous l'application du droit commun qui veut que tout bien indivis et impartageable soit licité.

2ᵉ DU RAPPORT DES MEUBLES.

Le rapport du mobilier ne se fait qu'en moins prenant ; il se fait sur le pied de la valeur du mobilier lors de la donation, d'après l'état estimatif annexé à l'acte et à défaut de cet acte, d'après une estimation par experts, à juste prix et sans crue (868).

Le rapport du mobilier n'a jamais lieu qu'en moins prenant.

Quelle est l'étendue de l'acception qui doit être donnée au mot *mobilier* dans l'article 868 ?

Il est incontestable qu'il s'applique aux meubles corporels sans exception. Comprend-il également les meubles incorporels, les rentes et les créances ?

L'affirmative ne nous paraît pas douteuse.

Aux termes de l'article 535, l'expression de mobilier comprend généralement tout ce qui est censé meubles. Cela est surtout vrai, quand elle est employée par opposition à l'expression immeubles, ce qui a précisément lieu dans l'espèce.

Les articles 859 à 857 statuent sur le rapport des immeubles ; l'article 860 règle le rapport du mobilier. Il ressort clairement de cette antithèse que le législateur a eu la pensée de réglementer le rapport de ces deux grandes classes de biens.

Il n'est pas admissible qu'il n'ait point songé aux biens-meubles incorporels qui constituent la catégorie la plus importante des biens meubles. Il répugne de supposer que les Rédacteurs du Code ont commis un semblable oubli.

On objecte que l'exigence d'un état estimatif suppose nécessairement des meubles corporels.

Il faut également estimer les meubles incorporels qui ont fait l'objet de la donation, afin de fixer la valeur qui devra être rapportée. Il est vrai qu'il n'est pas besoin d'un état dans cette hypothèse. Mais la loi reconnaît elle-même qu'en l'absence d'un état, il y aura lieu de recourir à une expertise. Ces expressions : *à défaut d'un état*, comprennent toutes les hypothèses où cet acte manque, quelle qu'en soit la cause.

Nous admettons, si l'on veut, que dans le second alinéa de l'art. 860, le législateur s'en soit référé uniquement aux meubles corporels.

Le principe posé dans le premier alinéa n'en demeure pas moins absolu et général.

On a encore objecté que les raisons sur lesquelles est fondée la règle du rapport en moins prenant du mobilier n'existent plus, lorsqu'il s'agit de meubles incorporels. Cette règle repose sur la détérioration et la dépréciation dont les meubles sont susceptibles, et les meubles incorporels ne sont pas sujets à cette dépréciation.

Ce motif est assurément l'un de ceux qui ont inspiré l'art. 860 ; mais il n'est pas le seul. La facilité avec laquelle les meubles se remplacent, et qui fait qu'on les considère moins en eux-mêmes que d'après leur valeur courante, a influé plus puissamment encore sur l'esprit des rédacteurs.

D'ailleurs, est-il vrai de dire que les meubles incorporels échappent à toute cause de dépréciation ? Ils sont, ce nous semble, exposés à des variations profondes et fréquentes et courent plus de risques que les meubles corporels.

Le rapport est dû de la valeur que les meubles avaient à l'époque de la donation. Le donataire est donc débiteur du montant de l'estimation ; l'objet de sa dette, fixé dès l'instant de la donation, est invariable ; il n'augmente ni ne diminue avec les accroissements ou les diminutions de valeur des meubles.

Lorsque des meubles donnés sont des meubles corporels, la valeur en est déterminée par l'état estimatif annexé à l'acte de donation. Si cet état a été perdu ou s'il n'a pas été dressé, parce que la donation a été faite de la main à la main ou d'une façon indirecte, l'estimation des meubles sera faite par experts, à juste prix et d'après leur état et leur valeur au temps de la donation.

A l'égard des meubles incorporels, qui n'auront pas été estimés, par l'acte de donation, il faut faire une distinction.

Si ce sont des effets publics, le rapport en aura lieu d'après le cours au moment de la donation.

S'il s'agit de rentes sur particuliers ou de créances , une expertise sera nécessaire.

L'art. 869 déroge à la règle posée dans l'art. 868. Cette règle peut se décomposer en deux propositions.

1° Le rapport des meubles se fait en moins prenant.

2° Le rapport des meubles ne se fait qu'en moins prenant, et n'a jamais lieu en nature.

La première proposition est applicable au rapport de l'argent comptant : mais il n'en est pas de même de la seconde.

Le rapport de l'argent donné, dit l'article 869, se fait en moins prenant dans le numéraire de la succession.

En cas d'insuffisance, le donataire peut se dispenser de rapporter du numéraire, en abandonnant, jusqu'à due concurrence, du mobilier, et, à défaut du mobilier, des immeubles de la succession.

Lorsque le numéraire est insuffisant pour fournir les prélèvements anxquels ont droit les cohéritiers du donataire, celui-ci peut effectuer le rapport en nature en rapportant du numéraire.

S'il n'use pas de cette faculté , il doit faire l'abandon de certains biens de la succession, pour compléter les prélèvements que ses cohéritiers ont à exercer. Cet abandon doit porter d'abord sur les meubles et à défaut, ou en cas d'insuffisance des meubles, sur les immeubles. Le donateur ne pourrait offrir des immeubles en abandon et conserver les meubles. La loi a déterminé l'ordre d'après lequel cet abandon devait s'effectuer et ses prescriptions sont obligatoires.

L'article 869 doit être restreint au cas spécialement prévu, c'est-à-dire à l'hypothèse du rapport de l'argent donné. On ne saurait l'étendre au cas où le donataire est débiteur d'une somme d'argent, soit parce qu'il a reçu du mobilier, soit encore parce qu'il a aliéné ou fait périr l'immeuble donné.

L'application de l'article 869 à ces hypothèses constituerait une violation de l'article 830, dont le vœu est que les prélèvements s'opèrent en objets de même nature que les objets donnés. Cette règle est trop conforme à l'égalité qui doit régner dans les partages pour qu'il nous soit permis de nous en écarter.

POSITIONS.

DROIT ROMAIN.

I.

Dans la loi II *de collatione* au Digeste, il s'agit d'un fidéi-commis et non d'une stipulation *post mortem patris*, ainsi que le prétend Cujas.

II.

La loi 1 paragraphe 16 *de conjungendis cum emanci pato liberis* est en contradiction avec les principes de la *collatio*.

III.

La *collatio bonorum* a survécu à l'établissement du nouveau système de succession fondé par Justinien.

IV.

Les fils de famille doivent la *collatio* des donations simples profectices.

DROIT CIVIL FRANÇAIS.

I.

Les donations déguisées sous la forme d'un contrat à titre onéreux sont valables.

II.

Le successible qui renonce ne compte pas pour le calcul de la réserve.

III

Les donations déguisées sous la forme d'un contrat à titre onéreux, ou faites par personne interposée, sont sujettes à rapport.

DROIT PÉNAL.

I.

L'article 58 du Code Pénal sur la récidive n'est pas applicable au cas où le crime commis par un individu condamné pour un délit antérieur, ne doit être puni que de peines correctionnelles, par suite de l'application des circonstances atténuantes.

II.

Les personnes condamnées pour une même contravention ne sont pas tenues solidairement des amendes.

DROIT DES GENS.

I.

La femme étrangère a une hypothèque légale sur les immeubles de son mari situés en France.

II.

L'étranger demandeur est obligé de fournir à l'étranger défendeur qui le requiert, la caution *judicatum solvi*.

Vu par le Doyen,

ce 14 décembre 1867,

BLONDEL.

Permis d'imprimer :

Ce 14 décembre 1867

Le Recteur :

FLEURY.

IMPRIMERIE L. CRÉPIN
RUE S. PIERRE N° 2.
PATIENTIA
DOUAI